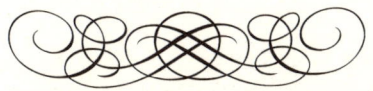

· 자 · 녀 · 에 · 게 · 보 · 내 · 는 · 행 · 복 · 에 · 관 · 한 · 메 · 시 · 지 ·

행복의 편지

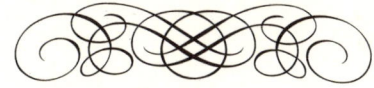

CARTA A MIS HIJOS SOBRE LA FELICIDAD
© Jean Pierre Bendahan, 2008.
© the Argentina edition, editorial del Nuevo Extremo S.A., 2008
All rights reserved.
Korean language edition in agreement with Literary Agent Monica
Herrero, through PubHub Literary Agency.
Korean translation copyright © 2011 by Shinwon Publishing Co., Ltd.

이 책의 한국어판 저작권은 PubHub 에이전시를 통한 저작권자와의 독점
계약으로 (주)신원문화사에 있습니다. 저작권법에 의해 한국 내에서 보호를
받는 저작물이므로 무단 전재와 무단 복제를 금합니다.

· 자 · 녀 · 에 · 게 · 보 · 내 · 는 · 행 · 복 · 에 · 관 · 한 · 메 · 시 · 지 ·

행복의 편지

장 피에르 벤다한 지음 | 김유경 옮김

Carta a mis hijos
SOBRE LA
FELICIDAD

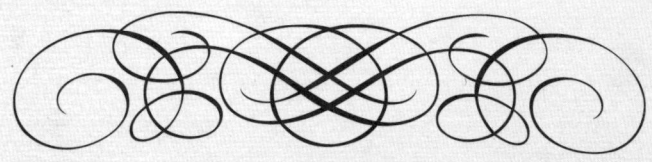

좋은 책 좋은 독자를 만드는 —
㈜신원문화사

프랭클린과 올리비에르에게

"행복해지기, 이 한 가지 외에 다른 목표는 없다."

앙리 드 몽테를랑

"나는 인간이 저지를 수 있는
가장 나쁜 죄를 저질렀다.
그것은 바로 내가 행복하지 못했다는 것이다."

호르헤 루이스 보르헤스

"인간이 가진 조건은 좋은 편이다.
누구도 영원히 불행할 수는 없으니까."

루키우스 안나이우스 세네카

차례

사랑하는 나의 아들 프랭클린과 올리비에르에게 • 13
행복이란 무엇인가 • 23

행복을 불러오는 생각하기

† 창조적인 생각을 기르는 힘 • 43

　자신감 • 45

　자기이해 • 48

　이성 • 51

　도덕 • 59

　문화 • 62

† 부정적인 생각을 버려야 행복이 다가온다 • 65

　두려움의 실체 • 67

　만족이 없는 불만족 • 70

평온을 주는 명상 • 76

유머감각의 건강함 • 80

낙천적 메시지의 자기암시 • 83

행복을 불러오는 느끼기

† 긍정적인 정서 만들기 • 94

풍요로움을 선사하는 기쁨 • 94

순수한 감정 사랑 • 98

예의 바른 우정 • 104

진정한 쾌락 • 106

신뢰를 바탕으로 한 믿음 • 109

사랑하는 사람을 위한 기도 • 114

† 부정적인 정서 다스리기 • 115

이성과 감정의 적절한 통제 • 115

폭력을 피하는 분노 조절 • 119

신뢰성을 높여주는 주의력 • 123

거리 두기의 객관성 • 125

내면의 소리 듣기 • 126

휴식의 방법 • 128

결과를 상상해보는 시각화 • 132

† 고통 앞에서 단단해지기 • 138

행복을 불러오는 행동하기
† 내면의 조화를 이루는 자아실현 • 154
† 행복한 삶을 위한 자질 • 165

중용을 지키는 삶 • 165

긍정적인 마음 • 168

　　　인성을 쌓는 자신감 • 172

　　　실패를 두려워하지 않는 인내 • 176

　　　균형을 잡아주는 주기 • 177

✝ 행복한 삶을 위한 태도 • 180

　　　베풂은 황금률이다 • 181

　　　소극적으로 행동하지 않기 • 184

✝ 마지막 도전을 전하며 • 188

　　　참다운 노년의 의미 • 188

　　　죽음의 준비 • 191

편지를 마치고 • 193

†

사랑하는 나의 아들 프랭클린과 올리비에르에게

나는 여느 사람처럼 평생 빛과 그림자라는 씨앗을 심으며 살아왔고, 이제 그것을 마무리할 때가 된 것 같구나. 인생의 후반에, 내 삶에서 가장 중요한 너희들을 보며 영감을 받아 모두가 가장 바라는 행복에 대해 이야기하려고 펜을 들었단다.

이 편지가 필요하다는 생각과 이것을 써내려가면서 느낀 기쁨은 살면서 내가 얻은 승리의 열매란다. 내 삶에서 가장 큰 승리라면 바로 너희가 있어서 행복하다는 것이다. 더욱이 너희가 이렇게 착하고 올바르게 자라주어서 얼마나 자랑스러운지 모른단다.

아마도 너희는 궁금하겠지. 왜 너희에게 편지를 쓰는 건지, 게다가 이렇게 늦게?

내가 이제와서 너희에게 편지를 쓰는 건, 하루가 다르게 변화하고 있는 세상을 살다 보니, 현대를 살아가는 아바타들이 언제까지 그 마음에 불안을 담고 살아가야 하나 고민이 되었기 때문이란다. 그래서 이제는 내 생각과 느낌, 지식에 대한 열정과 다가갈 수 있는 행복, 그리고 그것을 이루는 방법들을 너희와 나누지 않으면 안 될 것 같았다.

사랑하는 나의 아들
프랭클린과
올리비에르에게

나는 여느 사람처럼 평생 빛과 그림자라는 씨앗을 심으며 살아왔고, 이제 그것을 마무리할 때가 된 것 같구나. 인생의 후반에, 내 삶에서 가장 중요한 너희들을 보며 영감을 받아 모두가 가장 바라는 행복에 대해 이야기하려고 펜을 들었단다.

이 편지가 필요하다는 생각과 이것을 써내려가면서 느낀 기쁨은 살면서 내가 얻은 승리의 열매란다. 내 삶에서 가장 큰 승리라면 바로 너희가 있어서 행복하다

†

 는 것이다. 더욱이 너희가 이렇게 착하고 올바르게 자라주어서 얼마나 자랑스러운지 모른단다.
 아마도 너희는 궁금하겠지. 왜 너희에게 편지를 쓰는 건지, 게다가 이렇게 늦게?
 내가 이제와서 너희에게 편지를 쓰는 건, 하루가 다르게 변화하고 있는 세상을 살다 보니, 현대를 살아가는 아바타들이 언제까지 그 마음에 불안을 담고 살아가야 하나 고민이 되었기 때문이란다. 그래서 이제는 내 생각과 느낌, 지식에 대한 열정과 다가갈 수 있는 행복, 그리고 그것을 이루는 방법들을 너희와 나누지 않으면 안 될 것 같았다.

†

 또한, 수많은 시간을 너희와 함께해 오면서 너희를 통해 어느 무엇과도 바꿀 수 없는 기쁨과 교훈을 얻는 행운을 누렸기 때문이란다. 내가 전하려는 이런 생각들이 나와 어울리지 않고 뭔가 동떨어진 것처럼 보인다면, 내 삶의 비전들, 특히 행복에 대해서 너희와 나누려는 내용이 나의 충동적인 생각으로 보이지 않겠니? 그래서 너희에게 전하기 전에 내 안에서 소화하는 시간이 필요했단다.

 나는 우리 모두가 늘 생각하고 폭넓게 다루었던 주제에 대해 나누려는 이 시도가 참 겁 없는 행동이라는 것도 알고 있단다. 이런 대담한 시도 뒤에는 종종 위험이 도사리고 있었으니까 말이다. 행복에 대한 글을 남겼던 위대한 사상가 중 적어도 두 사람, 소크라테스와 세네카는 사형을 선고받았거든!

 하지만 너희가 나에게 행운을 빌어준다면, 더 나아가서 이 편지가 너희를 향한 내 사랑의 표현이자 내 마음과 생각을 너희에게 보여주는 하나의 방법으로 받아준다면, 너희 각자의 특성과 개성에 좀 더 어울리는 행복의 기준을 얻게 될 것이라고 확신한다. 왜냐하면 너희는 서로 너무 비슷하면서도 많이 다르기 때문이지.

나는 평생 내 속에서 솟아난 물음들에 대한 답을 끊임없이 찾아왔단다. 늘 곰곰이 생각했고 여러 소리에 귀 기울였으며, 다양한 사색가들의 책을 읽었고 기록을 하는 등 수많은 노력을 했단다. 그렇다고 꼭 뭔가 크게 나아지고, 대단한 답을 찾아야 한다는 것은 아니었단다. 하지만 적어도 그런 과정들 덕분에 내 삶을 분명하게 인식하게 되었지.

나는 내 강의 노트에서 깊은 울림을 주었던 내용을 뽑았단다. 예를 들면, 몽테뉴는 "소크라테스는 나처럼 생각한다."라고 말했었지.

†

 나는 너희가 나 자체를 읽어간다는 생각으로 편지를 봐주길 진심으로 바란다. 이 편지에 있는 내용을 좀 더 깊게 파고든다면 아마도 생각했던 것보다 더 흥미로운 결과를 얻을 수 있으리라 생각한다.

 우선, 너희는 내가 저질렀던 실수들을 반복하지 않길 바란다. 그리고 나는 뒤늦게 발견했지만, 너희는 다른 사람들과는 달리 행복이라는 주제에 대해 꼭 생각할 수 있길 바란다. 이 편지가 너희의 내면세계를 가능한 한 더 많이 비춰주고 그 안으로 초대하며, 이미 너희가 가지고 있는 강점들을 끌어내 주었으면 한다. 또한,

✝

이것이 일상생활 속에도 파고들어서 기존에 쌓아왔던 것들을 더욱 돈독하게 해줄 뿐만 아니라, 외부 또는 스스로 만든 장애물들, 예를 들어 과하게 넘치거나 딱딱하게 굳어진 습관 등을 없애 나가는 데 도움이 되길 바란다.

 이 내용이 너희와 좀 더 친밀해지면, 그다음 가장 중요한 것은 이런 원리들과 몇 가지 사례들을 잘 통합해서 머릿속만큼이나 마음속에 내면화하는 작업—여기에 비밀이 숨어 있지—이란다. 그리고 계속 꾸준히 삶 속에서 적용해야 한다.

†

 너희는 이미 좋은 길을 가고 있단다. '건강한 신체에 건전한 정신을'이라는 유명한 말에 따르자면, 너희는 이미 절반은 이룬 셈이지. 어쨌든 지금 체육관에 가서 뛰고 수영을 하니까!

 그럼에도 불구하고, 지금 너희에게 말하고자 하는 것은 그 원리 중 남은 절반의 중요성이란다. 정신적 건강, 이것이야말로 행복의 가장 기본적인 요소이다.

 이것을 위해 너희에게 몇 가지 기술들을 제안하고 싶다. 우선 생각과 느낌, 행동 사이가 어느 정도 조화를 이루어야 한다. 그리고 내면의 평화를 지키기 위해서는 인내하고 열정을 쏟는 연습을 해야 한단다.

편지의 첫 장을 읽고 난다면, 나에게 이런 질문을 할 수도 있겠지.
"그래서 아버지는 지금 행복하신가요?"
나는 이렇게 대답할 것 같구나.
"솔직히 기복이 있긴 하지만 대체로 행복하다. 행복이라는 곳 아주 가까운 근처에 다가와 있지."
내가 이렇게 행복 근처에 도달할 수 있었던 이유는 앞으로 너희에게 좀 더 이야기하게 될 것들을 통해 만들어진 결과물인 셈이다.

†

　인생의 폭풍우 속에서 너희가 직접 배를 조종해 나아가야 할 때, 가능한 최적의 방법을 따라가야 할 텐데, 이 편지가 너무나도 사랑하는 너희의 길을 밝혀주는 등대가 되길 간절히 바란다. 그리고 그 어느 날, 행복이 무엇인지 깨닫고 너희 스스로 행복하다고 고백하며 그런 자신을 자랑스러워하길 바란다.

행복이란 무엇인가

 행복이란 단어의 어원은 '에우다이모니아(Eudaimonia)'에서 찾아볼 수 있단다. 에우(eu)는 잘 지내는, 다이몬(daimon)은 정신, 영혼. 즉, 정신적으로 잘 있는 상태를 말하지.

 에피쿠로스학파(에피쿠로스의 학설을 신봉하는 철학의 한 학파. 간소한 생활 속에서 정신적인 쾌락을 추구_옮긴이)에게 있어서 행복이란 '아타락시아(ataraxia)', 즉 마음에 혼란이 없는 상태를 뜻한다.

†

 개인적으로 내가 정의하는 행복이란 경사스럽고 화려한 순간이 아니고, 물질적인 부와 명예, 권력 등을 쌓는 것은 더더욱 아니란다. 또한, 누군가는 가지고 있지만, 다른 이에게는 없는 특별한 재능이나 자질도 아니라고 생각한다.
 행복이란 어떤 상태를 말한다. 내 생각에 그런 상태는 몇 가지 특징을 가지고 있는 것 같다.
 육체적·정신적 건강의 조화를 통한 행복한 웰빙(well-being) 상태, 평안하고 평화로운 상태, 자기 자신과 일치를 이루는 상태, 그야말로 깊은 평온을 느끼는 상태 말이다.

바로 이런 상태는 다음의 것들을 통해 얻어진단다.

- 인식, 이것은 단지 행복한 상태를 얻으려고 하는 우리 자신에게 달려 있다.
- 매일 배우겠다는 의지와 결단, 이것은 위에서 말한 상태를 촉진하는 실천과 특정 생활 태도를 바탕으로 한다.

내면이 고요한 상태란 너희에게 말한 것처럼 생각과 느낌, 행동이 안정적인 조화를 이루는 상태란다.

이렇게 믿을 만한 상태에 이르게 되면 삶에서 최고

†

의 기쁨을 느낄 수 있고, 설령 고난을 만나게 되어도 훌륭하게 대처할 수 있게 된단다.

행복은 내면의 날씨가 평온한 상태로 가능한 오래 지속되는 것이다. 물론 중간에 구름이 드리우는 순간도 빼놓을 수는 없다. 행복 속에는 그런 폭풍우까지도 포함된단다. 물론 그 폭풍우가 몰아치는 시간과 세기는 다르지만, 그렇다고 그것이 내면의 불균형을 이룬 상태는 아니란다.

자, 이전과 달리 행복에 대해서 간단하게나마 의문을 품는 일은 이제 우리에게 닥친 새로운 운명이 된 셈이다. 근래 굶어 죽거나, 얼어 죽지 않을까를 걱정하는 사람들은 아마도 없을 테니까!

그럼에도 불구하고, '행복에 모든 것을 걸고' 있는 사람이 몇 명이나 될까……. 많은 이들이 행복에 대해서 크게 신경 쓰지 않고 있다는 것은 씁쓸하지만 사실이다. 그래서 어쩔 수 없이 이런 질문을 던지게 된 거지. 사람들은 자신이 가장 원하는 것이 잘 지낸다고 느끼는 바로 그 상태, 행복이라고 하면서, 왜 그렇게 앞뒤가 안 맞게 행동하고 한심하게 자신을 상처 입히려고 (기분 안 좋은 상태로 있으며 불평하고, 우울해하고 그러다가 약을 복용하고, 살이 찌고, 수면 장애가 생기고, 부부관계도 어려워지고, 심하게는 술이나 약물에 절어 살게 된다) 애를 쓸까? 그렇다면 왜 조금 더 행복한 일, 또는 조금 덜 불행한 일을 하기 위한 선택을 하지 않는 걸까?

이런 불행을 불러오는 부정적인 선택과 관련해서 나는 감히 이런 이유를 들어볼까 한다.

유대-기독교가 남긴 흔적인 마음의 부담감에 대해서 생각해보자. 성경에 따르면, 아담과 하와가 죄를 지으면서 인간이 타락했고, 동시에 죄책감과 쾌락에 대

†

한 정죄, 고통의 승화가 나타났다.

  물론 갈수록 이런 마음의 부담감이 조금씩 사라지고 있다고 생각한단다. 하지만 행복에 다가갈 수 없을 뿐만 아니라 그 자체가 존재하지 않는다고 생각하는 사람들을 보면, 아직도 이런 부정적인 생각이 여전히 인간의 혈관 속에 흐르고 있는 건 아닌가 하는 생각이 드는구나.

  숨어 있다가 갑자기 한 번씩 불쑥 나타나는 이런 대부분의 어두운 생각들은 우리의 마음에 각인되어서 환멸을 느끼게 하고 우리의 관심과는 정반대로 움직이게 할 것이다.

성경의 전도서에는 "우매한 자가 당한 것을 나도 당하리니 내게 지혜가 있었다 한들 무슨 유익이 있으리오."라는 말이 나온단다.

위대한―그렇지만 아주 위대하지는 않은―작가와 사상가들이 우리에게 많은 영향을 끼치고 있다. 하지만 그들은 훨씬 더 빈번하게 일어나는 개인적인 실패의 경험 때문에 삶의 아름답고 성스러운 부분보다는 비극적인 측면을 강조하는 경우가 많지.

그래서 거장들의 작품을 접하다 보면, 인간은 일상에서 뜻밖의 사고를 마주하게 되는 순간, 그런 극적인

†

상황에 기꺼이 설득당하고 굴복한다는 사실을 깨닫게 된단다.

그러니 유럽 출신의 유명 작가(이름까지 부르고 싶지는 않은)가 "낙천주의는 바보들의 아편이다."(밀란 쿤데라(Milan Kundera)가 "낙천주의는 인민들의 아편이다(L'optimisme est l'opium des cons)."라고 언급한 것을 의미한다_옮긴이)라고 말했겠지?

우리는 어디에서 왔고 어디를 향해 가는지에 대해 생각하는 것을 중요하게 여기지 않고, 존재의 의미를 생각하는 고통(의식적 또는 무의식적)을 귀찮게 여긴다. 이것은 대부분 사람이 부정하기 어려운 사실이란다.

현대 사회의 비정상적인 단면은 우리에게 다음의 메시지를 전달하기도 한다. 너희가 알고 있는 시스템이 긍정적인 결과를 낳기도 하지만 동시에 비뚤어져 있다는 사실이지. 고용은 생산에 의존적이고 생산은 소비에 따라 달라진다. 그리고 그것들 사이에 결핍이 나타나는 건 당연한 일이다. 하지만 여기서 말하고 싶은 것은 바로 어떤 물건이든, 어디서든, 매 순간 구매하고 싶게 만드는 충동이란다. 이런 충동구매 중

대부분은 내면의 공허함이 채워졌다는 착각을 불러일으키거든.

모두가 그런 건지 아니면 또 다른 뭔가가 있는지는 모르겠구나. 하지만 현실적으로 우리에게 남아 있는 시간이 영원하지 않기 때문에, 자신과 삶을 낭비하는 데 전념하기보다는 내면의 행복에 다가가기 위한 배움—그리고 이것을 포함하는 훈련—을 통해 이런 상황을 제거하는 데 그 시간을 투자해야 한단다!

하지만 여기서 더 비참한 태도는, 우리가 이미 터득한 삶의 기술이라는 것이 고작 내가 한 푼도 쓰지 않고

†

벌어들이려는 방법, 즉 아무것도 잃지 않고 얻으려고만 한다는 것이다.

어렵다고? 쉬운 건 정말 하나도 없단다.

삶은 마치 우리와 우리를 둘러싼 모든 것과 조화를 이루지 않겠다고 작심이나 한 것처럼 엄청나게 짧단다. 그런데도 우리는 정서적 장애를 입고 끌려다니는 노예처럼 자신을 포기하고, 불편한 현실과 마주하면 자신을 닫아 버리려고 애쓰지.

하지만 날 믿어다오. 행복하기 위해서 특별한 소질이 있어야 한다거나, 거기에 자격이 미달되는 사람이

†

있는 건 아니란다.

오로지 개인의 선택에 달려 있는 것이지. 어떤 이는 그런 선택을 할 의지를 품고 행복해지기 위한 방법을 배우려고 하는 반면, 또 다른 이는 물질적 소유나 그 외 모든 야망보다 내면의 풍요로움이 훨씬 더 중요하다는 사실을 인정하려 하지 않는다.

우리가 늘 마음속에 염두에 두어야 하는 핵심은 다음과 같다.

건강함이란 인간이 자연 그대로 있는 상태이다.

우리를 병들게 하는 것은 바로 우리 자신이다. 따라

†

서 자신만이 어떤 조처를 하겠다는 결심을 하고 제일 나은 방법을 선택할 수 있는 거지. 스스로 행복해지거나 가장 행복해지려는 조처를 할 만한 의식과 능력이 있는 소수―우리 자신의 것―만이 바로 이 특권을 누릴 수 있는 것이란다.

이쯤에서 너희에게 조언해주고 싶은 내용이 있단다.

- 창조적인 사고를 기르고 정신을 병들게 하며 혼란스럽게 만드는 '불행의 요소', 즉 부정적인 생각들을 최대한 줄이거나 제거해라.
- 긍정적인 감정을 길러라. 만일 부정적인 생각을

최대한 줄이거나 제거하지 못하겠으면, 적어도 그것들을 조절하기 위해 노력해라.
- 사고와 정신, 자기 자신 안에 쌓아온 감정과 일치하는 행동을 선택하고 맞추어 나가라. 이런 행동을 통해 행복의 기본 요소인 내면의 고요함과 평안, 균형이 생긴단다.

부정적인 생각을 없애는 것만큼 부정적인 감정을 조절하는 일도 중요하단다. 이것은 단지 너희에게 교훈을 주고 내가 이해한 방법대로 따르게 하면서 일정한 수준의 지혜를 얻도록 도움을 주려는 것만은 아니다.

†

실천 가능한 구체적인 조언을 해주고 그것들을 한데 통합시키는 도구를 전해주고 싶어서란다.

왜냐하면 말해준 교훈들을 내면화해야만 이것이 죽은 언어로 남아 있지 않고, 가장 건강한 언어로 살아 숨쉬며 실전에서 응용할 수 있기 때문이다.

이런 과정을 가장 쉽게 넘기려고 끊임없이 시도하다 보면, 생각하는 것과 느끼는 것, 행동으로 옮기는 것 사이에 일관성과 조화로움이 생길 것이다. 그리고 그런 결과가 행복에 이르고 행복한 상태를 유지할 수 있는 힘이 된단다.

행복을 불러오는
생각하기

●
●
●

"인간에게 고통을 주는 것은 일어난 일 그 자체가 아니라,

그 일에 대한 자신의 생각이다."

에픽테토스

†

　　　　　너희가 아는 것처럼 인간의 뇌에는 생산 공장이란 게 있지. 여기에서는 창조적인 생각들뿐만 아니라, 부정적이고 진부한 생각들도 만들어진단다. 창조적인 생각들은 인간이 오랫동안 진화하면서 발전할 수 있었던 원천이고, 부정적인 생각은 행복의 걸림돌이 된단다.

　내 짧은 소견으로, 행복을 배우는 첫 번째 단계에서 해야 할 일에는 전자인 창조적인 생각을 기르고 후자의 부정적인 영향력을 줄이는 것이 포함된다.

　우리 몸이 배설물을 배출해야 건강해지는 것과 마찬가지로, 우리를 병들게 하는 부정적인 생각은 머릿속에서 가장 먼저 비워야 하지. 그런 식으로 건강을 보장해주는 사랑스러운 생각들이 자리 잡을 수 있는 공간을 만들어야 한다.

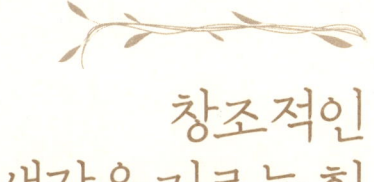

창조적인 생각을 기르는 힘

 만일 "왜 나이를 불문하고 어느 누구도, 어느 곳에서도 우리의 정신을 풍요롭게 하고 판단하는 데 도움이 될 만한 것을 가르쳐주지 않을까?"라는 생각만 온종일 하는 사람이 있다면, 그 물음에는 파스칼이 다음과 같이 남긴 말이 답변이 될 것 같구나.

 "사고는 인간을 위대하게 만든다. 인간의 모든 존엄성은 생각에서 이루어지고…… 따라서 우리는 생각을 잘하도록 노력해야 한다."

사실, 다음의 목적을 가지고 사고를 형성해가는 것만큼 확실한 방법은 없단다.

현실의 변화를 가장 잘 이해하고 배우기 위해서, 즉 '삶을 위한 투쟁'이라는 불확실함을 가장 잘 준비하고 자아실현을 이루기 위해서이다. 결국, 최대한 가장 현명하고 행복한 상태에 이르려는 목적을 갖는 것이다.

"멀리서 내다보면 지혜는 행복을 위한 첫걸음이다."

소포클레스

나는 이런 관점에서 다음 요소들을 선택했다. 이것들은 너희의 정신을 무장시켜주고 내면의 조화를 이루게 하는 데 중요한 요소이며, 행복의 특징들이기도 하다.

†
자신감

 어떤 사실이 내게는 분명해 보여도 다른 사람들에게 그렇게 보이지 않을 수도 있다. 행복이란 것도 그렇단다. 행복은 우리를 졸졸 따라오거나 하늘에서 뚝 떨어지는 게 아니라 이미 너희에게 가르쳐줬던 것처럼, 자기 자신만이 내릴 수 있는 결단이란다. 즉, 스스로 좋은 기분을 맛보겠다는 마음의 결정, 그렇게 행복을 따르겠다는 결단에서 시작되는 거지.

 이런 핵심적인 생각은 간단해 보이지만, 그것을 확실하게 통합해서 자기 것으로 소화하고 내면에 뿌리내리게 하는 것은 쉬운 일이 아니다.
 내면의 조화를 이루는 일, 크게 봐서 행복을 짓는 공사는 오로지 우리 손에 달려 있단다.
 유한한 삶을 살아가는 우리에게 이것은 기본 원칙이

고, 우리의 잠재의식 속에 이런 원칙을 지속적으로 뿌리내리게 해야 한다.

어려움에는 무게가 있고, 문제들은 주위를 끌다가 수시로 사라지기도 하지.
하지만 자신감은 어떤 어려움도 이겨낼 수 있다는 생각을 마음속에 자리 잡게 해주고, 그럴 수 있는 길을 열어준단다.

너희에게 뭔가 새로운 걸 말하려는 게 아니란다. 그러니까 현실과 사실, 그 자체에 대해 이야기하자는 게 아니라, 그런 현실에 대해 생각해보라고 권하려는 것이다.

"인간에게 고통을 주는 것은 일어난 일 그 자체가 아니라, 그 일에 대한 자신의 생각이다."

에픽테토스

우리는 이렇게 분명한 사실을 그냥 지나치고 있단다!

우리를 만드는 것은 우리의 생각이란다. 자신의 생각만이 불편하고 상처 입을 만한 현실과 마주했을 때, 동요하지 않고 그 가운데서 의미를 찾을 수 있는 특별한 능력을 갖추게 해준단다.

우리의 사고방식, 그것만이 우리가 갖겠다고 결심한 삶의 색과 규모, 강도들을—좋은 것뿐만 아니라 나쁜 것들도—너희에게 가져다준다.

이와 같이, 우리는 어떤 행위가 중요한지 아닌지, 아주 심각한지 별로 중요하지 않은지를 판단하게 된단다.

우리의 감정과 더불어 우리의 현실 개념이 기쁨이나 고통의 정도를 결정하게 되는 것이지.

우리는 실망과 갈등 그리고 아픔을 겪으면서, 비로소 자신이 하나의 세상이자 만물의 질서(또는 무질서!) 중 일부라고 말할 수 있게 되는 것이지.

매 순간 너희는 자신이 원하는 것이 기쁨을 느끼는

것인지 아니면 스스로 상처를 주는 것인지, 그리고 진정해야 할지 화를 내야 할지를 결정해야 한다.

자신감이라고 말하는 것—즉, 긍정적인 마음의 일종—은 이런 정신의 힘을 인식하고 그것을 활용할 수 있다고 확신하는 것이다.

나는 어느 정도 삶의 균형을 즐길 줄 아는 기쁨과, 균형이 무너진 슬픔 사이를 걸어가면서 수도 없이 기쁨을 선택했단다.

†
자기이해

자기이해는 행복을 찾기 위한 출발점이란다.

소크라테스의 명언인 "너 자신을 알라."는 우리의 강점과 약점, 능력과 결점, 할 수 있는 것과 한계점을 확인하게 함으로써 자신에 대해서 분명하게 바라보게 도와준다.

내 생각에는 우리가 타인들로부터 주입 당한 것 중 대부분을 없애고 좀 더 명확하게 자신에 대해서 정의해야 할 것 같구나.

이런 자기 성찰은 삶의 초기 단계를 지나는 데 필요할 뿐만 아니라, 평생 꼭 함께해야 할 것이란다. 이것은 앞으로 일어날 일들을 맞이하기 전에, 미리 경험한 것들을 참고하는 것과 같다.

너희의 본질, 그러니까 진정한 실체도 모르고 어떻게 뭔가를 이룰 수 있겠니(이 편지 후반부에 언급하게 될 행복의 길을 가는 데 필요한 중요한 도전)?

우리의 특수한 본질을 완성하고(실존은 본질에 앞서지 않는다고 말하는 실존주의에서) 자신을—이성적으로뿐만 아니라 감정적으로—파악하며, 나아가 다른 사람들을 좀 더 잘 이해하기 위해서는, 어떻게 하면 자신과 좀 더 어울리는 운명을 선택할 수 있을까?

다시 한 번 강조하고 싶은 중요한 핵심은 바로 정체성에 대한 것이다. 정체성이란 '가능한 혼란이 없는 안정적인 요소들의 집합으로 한 개인의 존재를 말하거나 어떻다고 추정할 수 있는 성질' 그리고 '그 성질을 가진 독립적 존재'란다.

그렇다면 우리는 누구를 닮았을까? 당연히 우리는 사람이기에 어떤 인종이 되었든 상관없이 또 다른 사람과 닮았단다. 설령 피부색이 좀 다르더라고 해도 말이다.

하지만 결국엔 우리가 같다고 해도 각자의 뿌리를 아는 게 좋고 민족 정체성을 인정해야 한다.

나는 실제로 활동하는 유대인은 아니지만, 세파르디(Sefardi, 스페인계 유대인) 혈통으로 유대인 대학살 희생자들(너희도 알지만, 내 외삼촌 중 한 분이 아우슈비츠에서 돌아가셨다)의 뿌리를 가지고 있으며, 이것은 아직도 나에게 아물지 않은 상처로 남아 있단다.

나는 너희가 깨닫는 정체성이 삶의 올바른 균형을 이루는 데 중요한 요소가 될 거라는 희망을 품고 있다.

†
이성

 나는 세 번째로 위대한 사상가인(연대순으로 하자면 소크라테스와 플라톤 다음이니까 부정할 수 없는 사실이다) 아리스토텔레스와 관련된 이야기를 할 수 있어서 기쁘구나.

 "인간의 본성에는 가치 있고 호감 가는 것이 있다. 바로, 이성에 따라 움직이는 삶이다."

 먼저 우리는 보통 중고등학교나 대학교에서 모든 나이와 단계에서 꼭 필요한 '무언가를 이해하고 평가하는 사람의 자체 능력'의 활용에 대해서 강조하지 않는다는 사실을 인지해야 한다.

 하지만 살면서 좋은 결과를 얻는 방향으로 결정을 내려야 한다는 의무감이 '거짓 속에서 진실을, 악함 속에서 선을 구분하면서 행동하도록 명령하는' 이성을 활용하는데 충분한 동기가 되지 않았을까?

오늘날 책과 인터넷, 그 외 방송매체에서 쏟아지는 정보의 홍수 속에서 어떻게 하면 그것들을 좀 더 온전히 이해하고 판단할 수 있을까? 어떻게 하면 좋은 재료를 선택할 수 있을까?

내 대답은 다음과 같단다.

- 판단력을 가르치고 재교육하면서 끊임없이 논리에 호소한다.
- 성숙함에 따라 생각들이 다듬어지도록 둔다.
- 견실하고 열린 마음을 기른다.

우리를 둘러싼 세계에 대한 분명한 비전을 얻고 좀 더 잘 이해하기 위해서는 '불완전하지만 완전하게 할 수 있는' 이성을 명확히 활용해야 한단다.

플라톤은 '이성적 영혼'과 '비이성적 영혼' 사이를 구분했고, 전자가 후자를 지배할 수 있다고—지배해야 한다고—생각했다.

누군가 행복해지기로 결심하는 순간, 이성적인 영혼을 가지며 이를 통해 도덕적 가치와 스스로 어쩔 수 없는 대상과 상황을 견디는 데 필요한 절제까지 갖출 수 있게 된다!

예를 들면, 너희가 잘 아는 것처럼 인간의 어리석음을 예방하려면 끝이 없고, 이것은 범죄만큼이나 위험한 결과를 낳는다!

프랑수아 라블레(François Rabelais, 1483~1553. 프랑스의 소설가. 르네상스를 대표하는 인물로 〈가르강튀아와 팡타그뤼엘〉의 작가_옮긴이)는 이렇게 말했지.

"뭔가 많이 들어 있는 머리보단 잘 정돈된 머리가 더 가치 있다."

따라서 우리는 분석하고 요약하는 일을 하면서 이성의 능력을 훈련한다. 분석과 요약 외에 훈련에 도움이 되는 게 또 뭐가 있을까?

이 말들이 우리 마음을 조금 무겁게 만들 수도 있지

만, 너희에게 데카르트의 말을 떠올려주고 싶구나.

"그렇다는 증거 없이는 어떤 것도 확실하지 않다."

"각각 어려움을 나누고 더 나은 해결책을 찾기 위해 최대한 수많은 부분을 분석할 것이다."

"내 생각을 차례로 이끌어간다는 것은 아주 단순한 요소들로 시작해서 좀 더 복잡한 지식에 다다를 때까지 조금씩 오르는 것을 의미한다."

"매사 철저히 분석하고 폭넓게 수정하는 것은 하나도 빠짐없이 완벽하게 하기 위해서이다."

또한, 그는 "정확하게 판단하고 거짓과 진실을 구별하는 능력을 상식 또는 이성이라고 부른다."라고 했단다.

나는 상식이 어느 정도는 특별한 본질이 된다는 것

을 지금까지도 염두에 두고 있다. 상식은 지식만큼이나 중요하다. 그리고 상식이 있다는 것은 생각과 일치하는 행동을 한다는 것을 의미할 뿐만 아니라, 생각한 것을 행동에 옮긴다는 것을 의미한다. 물론 그 반대로 행동한 것을 생각에 끼워 맞추는 것은 아니다!

앞에서 언급한 부정적인 감정이 판단의 오류에서 나왔다는 의견을 따르자면, 그리스 철학자들의 생각과 관련된 교훈들은 아주 중요한 것 같구나. 그런 부정적인 감정들은 데카르트가 언급하는 것처럼 다음과 같은 실수를 낳는단다.

- 서둘러 결론을 맺는다.
- 올바른 추론을 통한 공정한 평가를 내리기 전에 '성급한 조사와 검토'로 의견을 제시하고 조급하게 판단한다.
- 사실을 과도하게 평가절하해서 예측하고 한쪽으로 치우친 생각들을 사방에 퍼뜨린다.

또한, 우리가 좀 더 잘 보고 듣기 위해서는 이성적이고 정직하며 자유로운 사고방식을 길러야 한다는 주장을 귀담아들어 주길 바란다.

왜냐고?

너희는 세상을 눈으로 보고 귀로 듣는다고 생각하니? 그렇지 않단다. 우리는 사고방식을 통해 보고 듣게 된단다. 물론 이런 현상은 대상과 상관이 없지. 작은 사물을 볼 때만 그런 게 아니라 큰 사물들을 접할 때도 의심할 여지없이 똑같이 적용되니까.

파리에 사는 교수 중 한 명인 푸라스티에(J. Fourastié)는 프루스트(Marcel Proust)의 소설에 나오는 할머니에 대한 이야기를 인용했다. 내 기억이 틀리지 않다면 내용은 이렇단다. 할머니를 자주 방문하던 손녀딸이 있었다. 그녀는 화장을 했지만 할머니의 눈에는 손녀딸의 화장기가 전혀 보이지 않았다더구나. 할머니는 손녀 또래의 소녀들이 화장할 수도 있다는 사실을 상상조차 못하고 있었던 것이다.

또 다른 예를 들자면, 이것은 우리가 대화 중에 자주 하는 경험이다. 우리는 상대가 말하는 내용 그 자체를 듣는 것이 아니라, 각자의 생각 속에 각인된 내용을 바탕으로 이야기를 듣게 된다.

결과적으로, 옳지 않은 신념만이 늘 안 좋은 결과를 낳는 것은 아니란다. 어떤 사람은 부분적으로 잘못 인식하고 현실을 일부 착각하면서 안 좋은 결과에 빠지기도 하지.

푸라스티에는 우리들의 행동에서 나타나는 비이성적인 요소들을 이해하기 위해, 과학적인 사실에도 주목할 것을 권하고 있다.

인간 뇌의 일부분(전뇌)은 과학적 발견과 눈에 띌 만한 기술 진보를 시작하는 시점에서부터 빠르게 진화했단다.

반대로 뇌의 또 다른 부분(중뇌, 오늘날 포유류의 뇌라고 불린다)은 역사상 가장 오래전(파충류 단계)부터 있었고 느리게 진화해왔으며, 오늘날까지 원시적 특징인 선조들의 격세 유전의 기억을 지니고 있다.

이처럼 우리는 수십만 년 전부터, 원하지는 않지만 그렇다고 버릴 수도 없는 모든 종류의 풍습과 의식, 미신들에 질질 끌려온 셈이지.

여기 몇 가지 간단한 사례가 있다.

- 어떤 형태가 되었든 나쁜 일이 생기면 함사(hamsa, 아랍어로 숫자 5를 뜻한다), 즉 악마의 눈에서 나오는 나쁜 기운으로부터 보호하기 위해 왼손을 쫙 펴서 다섯 손가락을 보이라는 말을 들어왔다.
- 또한, 위와 같은 목적으로—불행을 없애려는 목적—짙은 터키색의 눈 모형을 지니곤 하는데, 나는 그걸 내 책상 위에 놓았단다.
- 그리고 이스라엘 신비 철학에 따라 축구선수—그리고 그 외 운동선수들—는 경기 시작 전에 십자가 표시를 긋는다.

한마디로 말해, 옛날의 모든 사고방식을 잘 살펴보면, 놀랍게도 지구상의 모든 사람이 비이성적인 신념과 행동에 사로잡혀 있다는 것을 알 수 있다.

우리 뇌(600세제곱센티미터였던 뇌는 300만 년이 지나면서 1,400세제곱센티미터로 늘어났다)가 느리게 진화한다는 사실을 인식하고, 오늘날까지 인류 역사에 얼룩져 있는 독단주의와 종교적 미신, 잔인한 극단주의와 같은 재앙의 뿌리가 무엇인지를 좀 더 잘 이해해야 한단다.

이런 자료들이 그렇게 간단한 의미를 담고 있는 건 아니란다. 너희가 보기에도 그렇지 않니?

도덕

행복을 이루는 기본 원리 중 하나가 바로 도덕이라는 사실을 너희에게도 알려주고 싶었단다.

각계각층의 부정부패로 오염된 오늘날 세상에서 미덕(정직이나 정의로 대변되는) 없이는 행복이 없고, 행복 없이는 미덕도 없다고 주장한다면 비웃음을 살 수도 있을 것이다. 하지만 여기서 분명한 것은 자랑스러움과 만족을 비롯해 그 외 특별히 언급했던 모든 좋은 것들보다 중요한 것이 바로 너희 삶의 기준 가운데 하나인 정직이라고 생각한단다.

법을 존중하고 훌륭한 내용이 담겨 있는 말씀들을 잘 따르길 바란다.

한 번쯤 배신과 속임수, 배은망덕이나 부조리의 희생자라고 느껴본 적이 있다면, 그런 일이 일어난다는 사실을 우선 인지해야 한다. 그리고 소크라테스가 "불의를 저지르는 것보다는 불의를 견디는 것이 더 가치 있다."라고 말한 것처럼 흐트러지지 말고 그것에 저항하며 계속해서 원칙들을 지켜나가길 바란다.

더욱이 존재의 자부심을 갖고 너희의 신념들을 충실히 따르라.

고귀한 감정이라는 좁은 길을 선택한 소수만이 가지

고 있는 자부심은 기쁨의 원천이자 행복을 이루는 요소란다.

정직함을 우러르되, 정직하지 않은 것을 경멸할 줄도 알아야 한다.

> "악함과 천함을 경멸하지 않는 사람은
> 그것들과 손을 잡은 것이다.
> 경멸할 줄 모르는 사람이 내린 평가가
> 과연 얼마나 가치 있을까?"
> 몽테를랑

내가 어렸을 때부터 수십 번 듣고 배웠던 것 중에, 적어도 개인적으로 여전히 옳다고 믿고 아주 가치 있다고 생각하는 것이 있단다. 예를 들면, "나쁘게 번 돈은 절대 즐길 수 없다." 같은 유명한 말이란다.

라블레는 "의식 없는 과학은 과학이 아니라 영혼의 파괴이다."(여기서의 의식은 '인간이 행동의 도덕성을 판단함으로써 생기는 감정')라고 말했다.

소크라테스가 "선인은 행복하고 악인은 불행하다고 생각한다."라고 호언장담한 말을 틀렸다고 보아야 할까?

최근에 너희에게 고귀한 감정들이 따르는 좁은 길에 대해서 말했었다. 그 길은 바로 내면의 부유함으로 이르는 길이고, 바로 이 편지의 목적이란다.

문화

무엇인가를 결정할 때는 판단이 이루어지는 과정을 면밀히 살펴보는 것이 중요하다고 이야기한 적이 있단다. 뭔가를 좀 더 깊이 있고 다양하게 알수록, 확실히 생각도 더욱 풍요로워지는 것 같다.

예술을 예로 들어보자. 아름다움을 사랑하면 마음이 정돈되고 내면의 공허함이 사라진다. 그뿐만 아니라, 걱정을 멀리하게 되면서 우리의 '불안이 정화'된단다.

그러면 책 속에 사람들을 위로해주는 따뜻한 뭔가가 있다는 것은 어떻게 설명해야 할까? 특별히 무슨 책을 읽을지 선택할 때는 그런 것들을 더욱 느끼게 된다.

하지만 여기서 내가 강조하고 싶은 것은 문화 또는 발전이라고 부르는 것이 지식과 지적 능력에 실제로 이바지한다는 사실이야.

따라서 너희의 문화 범위를 확장하면 할수록, 일반적인 현실 세계와 특정 행동 영역에서 머릿속으로 상상한 이미지는 더욱 분명해지고 타당성이 생긴단다.

너희는 창의력과 직관 덕분에 더 많은 결실을 얻게 될 것이며, 이 둘은 이성만큼이나 가치가 있다.

하지만 문화는 지식과 경험이 조화롭게 뒤섞일 때 꽃을 피우게 되고, 문화의 뿌리에 달린 생각은 토질에 상관없이 자신도 모르는 사이에 적합한 판단력으로 바뀌게 되지.

물론 이 모든 것은 창조적인 사고와 관련되어 있다.
하지만 유감스럽게도, 인간은 자신에게 상처를 입히고 휴지통에 버려야만 하는 생각, 보통 우리가 불행이라고 부르는 요소들에 마음을 두는 경향이 있단다.

부정적인 생각을 버려야
행복이 다가온다

우리는 경험을 통해 밝은 생각 뒤에는 반드시 어두운 면이 있다는 것을 알게 되었다. 따라서 우리가 양자택일을 해야 하는 순간이 오면, 이성적으로 창조적인 사고방식을 만들어가고 우리 쪽에 있는 모든 기회를 가능한 최고로 이용해야 한다. 또는, 내면의 진짜 괴물들인 부정적인 생각을 쓸모없게 보일 정도로 약화시켜야 하지.

안타깝게도 많은 사람들은 게을러서든, 본능 때문이

든, 명석함이나 대응 의지가 부족해서든, 어떤 이유가 되었든지 간에 수많은 실수와 아직도 생생하게 남아 있는 최악의 상황, 과거에 있었던 어두운 단면, 놓쳐버린 기회 등을 곱씹고 있다. 그렇게 아물지도 않은 상처에 또다시 생채기를 내는 비참한 습관을 반복하고 있단다. 사실 그렇게 하라고 아무도 강요하지 않는데 말이다!

참 놀라운 일이지, 그렇지 않니? 그런 생각들, 그러니까 분노와 공격성, 불안, 우울함을 비롯해 광기를 일으키는 질투와 좌절, 원한 등에 매달려서 질주하면 위험하다는 것을 모르는 사람은 아무도 없을 테니까.

전혀 새로운 이야기는 아니지만 참고하길 바란다.

> "혈액에 체액이 과잉이거나 부족할 때, 몸은 건강하지 못하게 된다……. 마찬가지로 잘못되고 모순된 생각을 하면 정신 건강에 장애가 생기고 감정의 장애가 발생한다."
>
> 세네카

부정적인 생각이 자라지 못하게 해라. 그것을 자라게 두는 것은 마치 역병을 소중히 돌보고 있는 것과 같단다. 그중에서도 특별히, 행복의 가장 큰 적이지만 쉽게 동맹을 맺게 되는 두려움과 불만족을 피하길 바란다. 영혼의 깊은 곳에 평온함을 얻기 위해서는 자신이 자유로워져야 하는데, 이런 과정에서 두려움과 불만족은 크나큰 걸림돌이 된단다.

†

두려움의 실체

나에게도 두려움이 있고 너희도 두려움을 느끼는 것처럼, 두려움이 없는 사람이란 없다.

두려움은 안정감이 부족한 상태로 마치 피할 수 없을 것처럼 보이지만, 실제로는 우리의 머릿속이나 마음에 그다지 많은 공간을 차지하지 않는다.

내가 생각하는 두려움의 근본적인 문제 중 하나는 우리가 두려움을 변형시켜서 사실보다 과장되게 표현하고 있다는 것이다. 그래서 나는 경우에 따라 두려움의 심각성을 줄이고 그 무게를 재보려고 노력한단다.

모든 사람이 두려움을 느낀다.

부족과 아픔, 고통에 대한 두려움, 또한 폭력과 차별에 대한 두려움, 늙어가는 것과 자신이나 사랑하는 사람의 죽음에 대한 두려움 등……

또 하나, 여기에 웅크리고 있는 짐승이 있는데, 바로 복병에 대한 위협과 걱정, 불안이란다. 이것은 갑자기 '자신에 대한 쓸데없는 마음의 움츠림'이 일어나게 하지.

여기에는 실제든 상상이든 일촉즉발로 발생하게 될 안 좋은 일에 대한 두려움과 공포, 과도한 상상력으로 왜곡된 도움을 받아 앞서 걱정하는 것, 유용한 에너지를 고갈되게 하고 그 고통을 두 배로 가중시키는 것 등이 포함된단다.

두려움의 정체를 인식하게 되면 그 무게는 어느 정도 줄어들게 된다. 하지만 두려움을 줄이기 위해 할 수 있는 일이 또 뭐가 있을까?

지혜의 원리를 실천하고 감정의 균형을 이루려는 노력은 이 편지에서 제안하는 방법이자 이미 입증된 도구란다.

로마의 정치가 키케로가 "환자가 그 두려움의 대상에 경멸을 느끼도록 만들어라."라고 말했던 것을 생각해볼 필요가 있다.

그 경멸은 단지 두려움의 원인뿐만 아니라, 두려움의 여파와 결과 때문에 생기기도 한다. 왜냐하면 '잔인한 아이러니!'는 환자가 두려워한다는 그 자체로부터 두려움이 생길 수 있기 때문이다.

"내가 두려워하는 그것이 내게 임하고."

성경의 욥기서 중

내가 태어난 모로코의 탕헤르라는 도시에서는 아랍인들이 메크툽(mektub, "이미 쓰여 있다."라는 뜻)이라는 말을 자주 했다. 이것은 신이 만물의 순서에 따라 만든 것들을 체념이나 숙명처럼 받아들이겠다는 의미란다.

인간을 위대하게 만들고 사고와 질병 등을 주관하는 주권자를 인정한다고 해서 행복해지겠다고 마음먹은 결심이 수포로 돌아가는 건 아니다.

다만, 자신이 할 수 있는 일에 최선을 다하고 주어진 일에 책임을 다하고 나서, 자신의 손을 떠난 일이나 우연히 생긴 상황을 두려워하는 것은 어리석은 일이란다.

†
만족이 없는 불만족

이번에는 '부족함', 즉 결핍의 느낌을 다루어보자.

한 사람 안에 깊숙이 차지하고 있는 부족하다는 느낌
은 심각한 혼란을 가져온단다. 그리고 그 원인을 확인
하는 게 늘 쉬운 것만은 아니다. 그 원인은 보잘것없기
도 하고 수시로 변화하기도 하는데, 보통 과거의 고통
스러웠던 상황이 원인이 되는 경우가 많단다. 물론 그
렇다고 모두가 그런 건 아니지.

  한편, 불만족은 누군가로부터 보호받고 충분히 사랑
받는다는 느낌이 부족해서 생겨나기도 한다. 지난날
의 고통에 대해 보상받고자 하는 내면의 요구―충족시
키기 어려운―에서 시작하기도 한다. 또한, 제대로 통
제되지 못한 자존감에서 시작하기도 하고 강박적인 욕
망, '마구 퍼지는 탐욕' 등에서 불만족이 나오기도 한
단다.

  불만족은 감정적으로 아주 불안한 상태이며 질투―
사랑이나 증오만큼 강력한―라는 치명적인 결함을 낳
을 수 있다. '좌절감과 욕구불만, 그런 질투 어린 짜증
스러움은 다른 사람이 내 몫에 피해를 주는 것도 아닌

데, 단지 다른 사람에게 있는 이점이 내게 없다는 사실만으로 감정이 상하게 되는 것'이란다.

너희가 이런 나쁜 상태를 겪으리라고는 생각하지 않는다. 하지만 만약을 대비해서, 불만족으로 인한 어려움을 당하지 않을 방법 두세 가지 정도를 말해주고 싶구나.

무엇보다도 너희가 가진 것에 만족할 줄 알아야 한다.
어쩌면 이런 태도는 너희에게 혼란을 줄 수도 있을 것이다. 하지만 내가 말하고자 하는 것은 포기나 체념을 뜻하는 것이 아니란다. 이것은 불만족의 포로나 과도한 야망가가 되는 것을 피하고 자신의 상황을 있는 그대로 받아들이기 위한 방법이란다.

받아들인다는 의미에는 너희가 가지고 있는 것이 가치 있고 중요하다고 여기는 마음이 포함되어 있단다. 즉, 가지고 있지 않은 것을 바라기보다는 주어진 것들에 대한 가치를 인정해야 한다는 의미지.

에피쿠로스가 이런 말을 했단다.

"자족도 엄청난 자산이라고 생각한다. 이것은 어떤 방법을 써서라도 꼭 적게 일하겠다는 의지가 아니라, 많이 갖추지 못하더라도 적은 것으로 만족하기 위해서이다. 왜냐하면 우리는 풍요로움을 원하지 않는 사람들이 훨씬 더 많은 풍요로움을 즐길 수 있다고 확실히 믿기 때문이다."

이미 너희가 알고 있을 수도 있겠지만, 행복을 위해서 꼭 지켜야 할 것이 몇 가지 있단다.

먼저, 불평은 해봤자 소용이 없고, 자주 그러는 건 부끄러워해야 할 행동이다. 또한, 후회와 원망은 헛된 것을 위해 시간과 힘을 낭비하는 것과 같다!

그리고 남들과 비교하지 마라. 비교는 불만족의 또 다른 얼굴인데, 그것을 뾰족하게 갈아놓은 위험한 형태란다.

비교하는 것은 어리석을 뿐만 아니라 불쾌한 경험이다.

한 사람은 하나의 세상이자 특별한 우주란다. 겉모

습이 하나의 속임수에 불과하다는 것을 깨닫게 되면 비교의 정체가 좀 더 분명해지지 않을까?

놀랍게도 얼굴에 불편함이 가득한 부자보다 가난한 사람이 더 쉽게 웃는다는 결과가 나왔단다.

너희가 마음을 달래면서 내면의 조화를 이루기 위해 달려가는 길에는 수많은 장애물이 있단다. 그런 정신적 장애물들을 헤쳐 가는 데 도움이 될 만한 몇 가지 방법을 제시하려고 한다. 물론 내 생각이긴 하지만 너희에게 도움이 될 것 같구나.

처음에는 이것들을 적용하는 것이 어려워 보일 수도 있다. 하지만 일단 손에 쥐고 나면 그 가치를 깨닫게 되고, 갈수록 더 쉬워질 것이다.

고통과 괴로움, 또는 문제가 우리를 엄습할 때, 취할 수 있는 세 가지 방법에 주목해보자.

첫 번째: 자신을 괴롭히는 생각을 몰아내고 멀리한다.

단, 나쁜 생각이라는 녀석은 온 힘을 다해 너희의 머릿속으로 되돌아가려고 애를 쓸 수도 있다는 것을 명심하기 바란다.

두 번째: 어려운 문제를 쉽게 받아들인다.

왜냐하면 일반적으로 우리는 그런 생각에 정면으로 부딪치게 되면 별문제 없이 제거할 수 있을 거라고 착각하기 때문이다.

사실, 논리적으로 생각하지 않고 이렇게 무작정 받아들이면 마치 강아지가 흔들리는 자신의 꼬리를 보고 그걸 물려고 계속 제자리에서 빙빙 도는 것과 같이, 걱정되는 생각을 곱씹게 되어 또다시 위험을 겪을 수도 있단다.

세 번째: 내가 관심을 두었던 동양 철학 전문가들의 이론에 귀를 기울인다. 여기에서는 문제가 되는 생각을 버리거나 받아들이라고 하지 않는단다. 우리에게 문제가 다가오게 되는 순간, 마치 화면을 보듯이 이마의 오른쪽에 이미지를 시각화해보자. 그러고 나서, 문제가 되는 이미지가 사라질 때까지 마음속으로 조금씩

오른쪽에서 왼쪽으로 이동시켜 보는 것이다. 이것은 마치 자동차 창문에 빗방울이 조금씩 떨어지면서 시야를 흐리게 되는 상황에서, 와이퍼로 그것을 천천히 닦아내는 것과 같단다.

그리고 확실하게 상황을 해결하기 위해서는 곰곰이 생각하고 살펴보며 현명하게 처신해야 한다. 즉, 우리를 따라다니며 괴롭히는 생각들을 우리의 흥미를 끄는 또 다른 대상으로 대체하는 것이지.

또는, 부정적 생각들을 멀리할 수 있는 데 도움이 되는 활동들인 예술과 다양한 수작업, 운동 등을 하는 것도 방법이란다.

†
평온을 주는 명상

다행히도 명상이라는 말 자체에는 신비한 경험이 내

포되어 있지 않다. 명상은 우수하다고 알려진 훈련방식이고 다양하고 정확한 연구를 통해 그 효과가 입증되어 왔단다.

그중에서, 내가 모두 동의하는 기본 사상은 다음과 같단다.

우리의 본래 특성은 정신적으로 평온한 상태에 있다.

우리가 본래의 평온함에 다가가는 것을 가로막는 것은 우리 안에 생기는 갈등들—앞으로 생길 수 있는 혼란과 무질서—이다. 이 칸막이는 우리의 진정한 모습을 가리고 우리 안에서 퍼져 나올 수 있는 빛을 차단하는 커튼의 일종이란다.

여기에서 질문 하나를 던져보겠다. 정상적으로 하루를 사는 동안 우리를 괴롭히는 생각들이 어느 정도나 되는지 혹시 아니?

수만 가지가 넘는단다!

그렇게 수많은 생각들이 우리를 괴롭힌다면, 몇 분간이라도 지난 일을 되돌아보면서 머릿속을 조용하게 만들기 위해 애쓰는 것이 당연한 일 아니겠니?

명상은 평온함을 만들어낼 뿐만 아니라 초경험적인 단계에 다가가서 영적인 것을 발견할 수 있게 해주는 훈련이란다.

나 같은 경우에는 가능한 한 규칙적으로 하루에 20분씩 명상을 한단다. 주로 아침에 조용한 곳에서 하는 것을 좋아하지.

나는 이제까지 영적인 명상을 선호해왔단다. 그래서 강도 높게 나를 집중시키는 훈련을 하고 있단다.

천천히 그리고 깊숙이 하는 호흡을 통해, 마음으로 주문을 반복하고 마침내 좋은 이미지를 이끌어내면 내 속에 평온함을 얻게 된단다. 내 안에 자리 잡고 있는 모든 긴장감을 완화해주고 내 존재에 더욱 깊이 접근하여 확장된 정신 상태에 이르게 되는 거지.

명상을 하면 다음과 같은 현상이 나타난다는 것이 밝혀졌단다.

보통 깨어 있는 상태에서 호흡수는 분당 10~15회이고, 잠이 든 상태에서는 분당 6~10회이다. 반면 명상시에는 분당 3~6회로 호흡수가 떨어진다. 그 결과, 산소 소모가 급격히 감소하고, 심장 박동수가 15~20퍼센트로 줄어든다. 또한 혈액 속 엔도르핀이 증가한다.

분명 이런 긍정적인 결과는 신체적인 에너지뿐만 아니라 정신적인 에너지에도 영향을 준다. 즉, 건강과도 깊은 연관이 있지.

우리 안에서 부정적인 생각이 사라지면, 그 남은 공간에는 영혼의 기품으로 채워지게 된단다.

명상에 대한 이야기를 마치려고 하니, 갑자기 내 머릿속에 이런 이미지가 떠오르는구나.

우리 존재의 가장 깊숙한 어딘가에 빛의 중심이 자리 잡고 있다. 이 번쩍이고 사랑스러우며 평온한 빛은 마치 섬세하고 투명한 유리벽을 통해 스며들듯 영혼을 통해 우리 안에 들어온단다.

이 유리 벽 위에는 희미한 그림자와 어렴풋하게 반짝이는 안개가 있고, 우리가 조금씩 움직일 때마다 뭔가가 생겨난다. 그리고 여기에는 우리가 만들어내는 어두컴컴한 생각이 남긴 시꺼먼 얼룩도 남아 있다. 이것이 바로 우리에게 도달하는 빛을 막고 세상을 바라보는 우리의 눈을 어둡게 하며 고통을 주는 것이란다.

유머감각의 건강함

너희가 유머 없는 삶을 사는 것이 소금 빠진 음식을 먹는 것과 같다고 생각하는 부류의 사람들이라는 것을 나는 정말 잘 알고 있단다.

'유쾌하면서도 아이러니한 형태, 가끔 풍자적이기도 하며, 재미있고 현실의 독특한 점들을 독창적으로 부각시키고 있는' 이런 유머를 어떻게 동경하지 않을 수 있겠니?

그러니, 너희 삶에서 이런 아이러니한 모습을 보여

주기 위해 무슨 변명인들 못 둘러대겠니? 삶의 아이러니인 유머를 만드는 것은 '원래 의도하는 것과 반대로 표현하는 것으로 이루어진 농담의 형태'이자 '소크라테스가 실행한 변증법적 과정으로, 일련의 구체적인 질문들을 통해 명백한 부조리로 이어가거나 그것을 반박하는 과정'이란다.

유머가 어떤 상황이나 의견을 좀 더 풍부하게 표현해주고 갈등이나 토론을 제거하기 위한 귀중한 무기라는 것을 알아챈 이상, 이것을 못 본 척할 수는 없단다. 우리와는 뗄 수 없는 사이가 되는 거지!

우리는 감정의 프리즘을 통해서만 만물을 보는 것이 아니다. 지식과 상상력을 통해 바라보기 위해서는 두뇌에 엄청난 양의 산소가 필요하단다! 다음 대화를 통해 생각해보자.

"이봐, 우리가 지금 여기서 하고 있는 일이 과연 도

덕적인 걸까? 실제로는 이 불쌍한 투자자들 주머니에서 돈을 빼내고 있는 거잖아."

"아니, 그렇지 않으면 어디서 돈을 빼돌려야 한단 말이야?"

나는 유머를 통해 진부한 상황에서 벗어나고 그것이 오히려 웃는 기회로 바뀌는 것을 보았다. 또한, 어떤 상황이 되었든지 간에 아무에게도 상처를 주지 않고 웃게 하는 것이 건강에 큰 도움이 된다는 것도 확인했단다. 나는 유머가 긴장감과 안일함, 판에 박힌 언어에 생명력을 불어넣어 주는 일등공신이고, 기쁨에 확실한 도장을 찍는 것이며, 낙담을 이기는 힘이라고 생각한다.

또한, 이것은 바로 우리 자신을 비웃으면서 단점을 자연스럽게 받아들이는 아주 우아한 방법이자 균형을 나타내는 도구란다! 예화를 하나 들어볼게.

어떤 유대인 어머니가 사랑하는 아들에게 두 개의

넥타이를 선물했단다. 하나는 빨간색이고 다른 하나는 파란색이었지. 그리고 다음 날 어머니는 아들을 점심식사에 초대했지. 아들은 그날 빨간색 넥타이를 매고 왔단다. 아들이 도착하자마자 넥타이를 살펴본 어머니는 슬픔을 감추지 못한 채 이렇게 말했지.
"네가 파란색을 싫어할 줄 알았어!"

내가 소중하게 생각하는 삶의 방식 중 하나는 호모 루덴스(Homo Ludens), 즉 놀이하는 인간이다. 심각한 일들을 그렇다고 여기지 않고, 걱정하기보다는 즐기는 태도로 책임감 있게 일을 조정할 줄 아는 것이란다. 결국, 이를 통해 더 건강한 정신을 갖게 되는 거지.

†
낙천적 메시지의 자기암시

우리의 생각을 긍정적으로 잘 이끌어가기 위해서

는, 프랑스의 약리학자 에밀레 쿠에(Émile Coué, 1857~1925) 박사가 자신의 환자들을 치료하기 위해 사용한 이상적 방법인 자기암시가 아주 큰 도움이 될 것 같구나.

하지만 그것을 별로 중요하지 않고 무의미하다고 여기는 사람들도 물론 있다. 나는 그런 사람들을 보면 안타깝단다.

자기암시는 자신에게 긍정적이고 고무적이며 낙천적인 메시지를 보내는 것에서 출발한단다.

언뜻 보면 별거 아닌 것처럼 보일 수도 있다. 하지만 창조적 힘과 의지력, 동기유발에 대한 지렛대 효과를 높여주는 잠재적 힘은 자기암시를 통해 퍼지게 된다는 점을 명심해야 한다.

이 시도는 아주 강력하다. 그리고 다시 말하지만, 이건 하는 사람 마음이란다.

누군가는 이렇게 말할 수도 있겠지. "난 아마 그걸 못해낼 거야.", "나한테는 어려운 일이야.", "내가 이렇게 멍청하다니까.", "젠장, 난 늙었다니까." 등등. 하지만 실패를 두려워하는 이상 할 수 있는 것은 아무것도 없다.

이와 반대로, 매일 아침 눈을 뜨자마자 자신에게 다음과 같은 말을 하면서, 긍정적이고 평온하며 신뢰할 만한 분위기를 조성할 수도 있단다.

"나한테 닥친 문제가 있긴 하지만 오늘은 기분 좋은 마음을 갖기로 했어."

이런 마음을 품는 사람은 앞으로 한 발 전진할 것이고, 그렇지 않은 사람은 제자리에 있거나 뒤로 처질 것이다.

여기에서 분명한 것은, 수없이 복잡한 것들이 인간의 조건을 만들어가지만, 긍정적인 메시지와 함께 즐거운 마음으로 내리는 결단이 바로 우리 안에 승리자 정신

(winning mentality)을 서서히 심어준다는 사실이다.

혹시 영화 〈성난 황소〉를 기억하니? 거기에 제이크 라모타(Jake La Motta)라는 권투선수가 나온다. 그는 거울을 보며 자신에게 큰소리로 외친단다.
"나는 최고야, 나는 최고라고!"

이와 같이 긍정적인 기운을 갖고 일하는 것은 꼭 필요하단다. 너희에게 한 남자의 이야기를 들려줘야겠구나. 그는 결혼의 의무를 이행하기 전에 꼭 화장실에서 한동안 머물렀단다. 그의 부인은 남편이 왜 그러는지 궁금했단다. 그러던 어느 날 밤, 반쯤 열려 있는 화장실 문을 발견했고, 너무 궁금해서 몰래 엿보기로 했지. 그 아내가 뭘 발견했는지 아니? 글쎄, 남편은 거울 앞에서 이 말을 반복해서 중얼거리고 있었단다.
"그녀가 아주 이상한 건 아니다, 아주 이상하지는 않다……"

자기암시에 대한 설득력을 더하기 위해 좋은 예가 필요하다면, 다음과 같은 이야기를 전해주고 싶구나.

너무나도 유명한 작가 생텍쥐페리가 들려준 일화란다. 기요메(Guillaumet, 생텍쥐페리의 친구로 그와 마찬가지로 프랑스와 남미 사이를 비행했다)가 사고로 안데스 산맥에서 길을 잃었을 때, 자기 자신에게 용기를 주고 고립 속에서도 힘을 내기 위해 다음과 같이 말했다고 한다.

"그들은 모두 나를 믿고 있어. 그러니 걷지 않는다면 내가 나쁜 놈인 거야."

나는 여기에 또 다른 생각이나 방법들을 덧붙이고 싶지는 않다. 등불이 있어서 모든 것을 비출 수 있으니까 말이다.

나는 무엇이 너희를 건강하게 해주고 병들게 만드는지를 이야기했단다. 즉, 너희가 가지고 있는 좋은 점들은 계속 발전시키고 나쁜 점들은 꼭 버려야 한다고 말해주고 싶었다.

이 모든 것은 오로지 한 가지 목적을 향해 달려가고 있다. 생각을 잘 다스리고 준비해서 감정과 조화를 이루도록 하는 것이란다.

　결국 그런 조화를 통해 영혼이 평안한 상태, 즉 행복에 이르기 위해서이다. 이것이 바로 내가 말하는 행복이다. 비록 매일은 아니더라도 일 년 내내 그것을 즐길 수 있는 상태에 있는 것이 바로 행복이란다.

행복을 불러오는
느끼기

•
•
•

"마음은 이성이 모르는 이유를 알고 있다"

파스칼

†

　　　　　　　우리는 첫 번째 단계에서 사고 형성의 중요성을 살펴보았다.

따라서 생각하는 것과 느끼는 것이 조화를 이루어야 한다는 사실을 염두에 두고 있을 것 같구나. 이제는 첫 번째 단계에서 이야기했던 것만큼이나 어려운 또 다른 노력을 해야 할 차례란다. 바로 최대한 정서적 균형을 이루는 것이다.

어떤 사람들에게는 이것이 덧없거나 아니면 아주 복잡해 보일 수도 있다. 물론 너희는 그렇게 생각하지 않고, 최선을 다해 이 도전을 이루어 나가리라 믿

✝

는다.

 내가 그동안 여러 가지 일을 경험하다 보니, 건강과 재정 문제, 감정적 갈등이나, 업무상 불화는 자주 일어나고 피할 수 없는 문제더구나. 그리고 이것이 어느 수위에 이르면 아주 골치 아픈 상황이 된다는 것도 잘 알고 있단다.

 그렇지만, 나를 믿고 그런 상황에 도움이 될 만한 일들을 시도해보길 바란다.

 나는 너희에게 다음과 같은 조언을 꼭 해주고 싶다.

- 긍정적인 정서를 키워라.

†

- 자신을 지배하고 있는 부정적인 정서들을 조절하도록 노력해라.

이 두 가지를 지키기 위해 노력하면, 아픔과 고통에 맞설 수 있게 된다.

긍정적인
정서 만들기

†

풍요로움을 선사하는 기쁨

"감정은 깊은 확신의 근원이다."

모든 감정들 중에서 처음으로 말하고 싶은 것은 바로 기쁨이란다.

살다 보면 우리에게 기쁨을 주는 것이 그리 많지는 않지만, 반갑고 가치 있는 감정임에는 틀림없단다. 하지만 기쁨은 변덕스러우면서 찰나에 벌어지는 것이라서 단지 행복의 요소일 뿐이지, 그 자체가 행복은 아니다. 말했던 것처럼 행복이라는 것은 간헐적이긴 해도 대체로 지속적인 내면의 웰빙(안녕) 상태를 뜻하기 때문이다.

그리고 또 다른 기쁨의 형태인 즐거움—화려하고도 심오한—은 우리가 뭔가를 만들어주고 풍요롭게 하는 데 힘이 된다. 무엇보다도 그 근본에는 '인식'이 자리 잡고 있다.

이성적인 사고를 하고 부정적인 생각에 사로잡히지 않은 사람에게는 모든 것이 가치가 있단다. 즉, 모든 것이 놀랍고 대단한 일이 되는 거지. 태어난 일이며, 생명을 얻은 것(덧붙여서 생명을 주는 힘), 매일 아침이 시작되면 눈을 떠서 볼 수 있는 것, 걸을 수 있는 것, 아이의 미소, 태양의 일몰, 육감적인 몸, 바다, 강아지의 충성심 등…… 이 모든 것을 발견할 수 있다는 사실조차 눈부신 일이 된다. 그리고 나에게는 이 모든 것이 근본적인 기쁨을 만들어내는 거대한 재산이란다.

사실 삶을 산다는 건 너무나 아름다워서 놀라움, 그 자체란다.

너희가 살아 있다는 사실을 당연한 것이 아닌(색슨족은 "사는 건 당연한 일이다."라고 말하거나 마땅히 받는 거라고 여긴다) 하나의 특권으로 여기고 있다면, 삶의 기술 중 행복한 사람이 되기 위한 첫 번째 단계가 있다. 삶을 존중하고 그런 귀한 선물을 받았다는 사실을 계속해서 인식하는 것이다.

어떻게 하냐고?

우리가 창조주에게(또는 너희가 좋아하는 사람에게!) 인정받고 있음을 느끼면서 비교할 수 없는 존재의 기쁨에 대해 마음 깊이 감사를 품으면, 삶을 아주 멋진 선물처럼 즐기게 될 것이다.

또한, 이런 사실을 지속적으로 인식하다 보면 삶이 가지고 있는 부수적인 효과도 즐겁게 누릴 수 있게 된단다. 즉, 존재의 법칙을 존중하고 그것을 마음 깊숙이 받아들이며 동의할 힘을 얻게 되지.

그리고 기본적인 논리에 따라 선과 악, 최악과 최선, 희망과 절망, 기쁨과 고통, 자주 일어나는 불행(대개 '다른 사람에게만 일어날 거라고' 믿게 되는 것) 등이 마치 짝처럼 동시에 일어나고 이 중에 어떤 것도 피할 수 없다는 사실을 깨닫게 된단다. 이것은 마치 이기는 쪽이 있으면 반드시 지는 쪽도 있는 게임과도 같지.

사랑하는 아들들아, 이 깨달음이 바로 최고의 지성이라는 내 말에 동의하리라 믿어 의심치 않는다. 반드시 학교에서 가르쳐야 하는 지식이지.

내가 이것을 깨닫지 못했다면, 지금 살아 있지 않거나 살 의지가 없었을 것이다. 하지만 설령 깨닫지 못했더라도 자기 자신에게 성실하다면, 삶을 향해 찌푸린 얼굴을 보이지 않고 가능한 좋은 쪽으로 느끼게 된다. 특히 아이들을 교육해야 할 경우에 더 그렇단다. 그리고 살면서 '엔도르핀'이 솟는 것을 경험하며, 좀 더 자유롭고 두려움이 없는 존재가 될 수도 있단다.

아침마다 우리는 선택의 갈림길에 서 있다. 아침에 일어나서 무슨 옷을 입을지 질문을 던지기 전에, 우선 다음 질문에 답을 해야 한다.

"오늘 하루 인상을 쓸 것인가, 아니면 미소를 지을 것인가?"

선택을 했다면 나에게 대답해주렴. 미소를 선택했다고.

†
순수한 감정 사랑

프랑스의 소설가 스탕달이 말했던 것처럼 사랑을 '행복한 질병'이라고 가정해보자. 질병이라고는 하지만 사랑하며 사는 것이 질병보다는 행복에 좀 더 가깝다는 사실을 너희도 깨달을 수 있을까?

물론 그럴 수 있을 거라고 생각한다. 하지만 그렇게 간단한 일은 아니지. 그렇지?

이미 판단 형성과 부정적 사고 버리기, 정서적 균형 부분에서도 말했고 자기통제 부분에서도 말하겠지만, 이 편지에 쓴 모든 것은 행복을 위한 것이다. 그리고 어떤 면에서 이것은 사랑을 좀 더 잘하는 데 도움이 될 수도 있단다.

 개인적으로는 앞에서 말한 이런 지혜가 부족했기 때문에 사랑으로 들어가는 문에서 고통을 받으면서 수많은 것들을 배우고 다듬어야 했단다. 예를 들어, 다른 사람을 사랑하기 위해서는 나 자신을 충분히 사랑해야 한다는 것을 배웠다. 물론 이기주의자가 될 정도로 자기에 대한 사랑이 넘쳐서는 안 된다는 것도 알게 되었다.

 자신을 있는 그대로 받아들이고 다른 사람을 있는 모습 그대로 존중하기 위해서는 자기 자신을 먼저 사랑해야 한다.

 나는 무척 많이(아니 자주?) 사랑이 기만이나 실수를 낳을 수도 있다는 것을 확인했단다. 보통 사람은—

의식적 또는 무의식적으로, 나이가 많든 적든—자신의 배우자를 사랑하겠다는 맘을 품고 살아간다. 그렇게 결심해도 그중 어떤 이의 마음은 텅 비어 있고 그런 불균형으로 인한 문제를 겪게 되지. 그러면서 점점 자신감도 떨어지고 해결되지 못하거나 잘못 꼬인 내면의 갈등을 겪는다.

나는 우리의 순수한 감정을 조심스럽게 다루고 보호해야 한다는 것을 깨달았다. 왜냐하면 "조금만 사랑하는 데도 수많은 마음이 필요하기 때문이지."

각자가 자신의 영역을 지키고 그것을 신성하게 여긴다면 얼마나 건강하겠니.

사랑의 상황과 위치에 따라 자주 또는 항상 지배자와 피지배자가 존재한다는 사실은 간과할 수 없는 사실이란다. 우리가 지혜롭게 사랑하지 않는다면 상대를 잃게 되거나(그럴 때는 "한 명을 잃고 열 가지를 배운다."라고 말하면서 스스로를 위로해도 소용없다) 자신을 파괴하게 된다.

그리고 현명하게 사랑한다는 것은 충분한 대화를 유

지하는 것으로, 크게 봐서는 치료보다 예방을 위한 것이다. 그리고 그것은 인내심과 유연함을 만들어내는 과정이란다. 아무리 사소한 것이라도 지속적인 관심을 갖고 키우다 보면 인내심이 자라난단다. 이해심이란 진실에 그렇게 큰 영향을 주지 않는 선에서 갑작스러운 거짓말도 받아주는 것을 의미한다.

반면에, 무엇보다도 지혜롭게 사랑한다는 의미에는 서로에 대한 기대감이 식어가는 것을 막기 위해 사랑하는 사람을 정복하겠다는 충동적인 마음을 멈추고 늘 새롭게 마음을 가다듬는 것이 포함되어 있단다.

욕망은 사랑하는 사람들 사이에만 존재하는 '공간'으로, 그곳에서는 함께 나누는 쾌락을 생각하면 할수록 서로에 대한 갈망이 활력을 되찾는다.

상상의 빛이 드는 이 공간을 다룰 때에는, 적당한 물과 햇빛이 있어야 생명력을 찾는 예민한 식물처럼 조심스럽게 대해야 한다. 더위와 추위를 오가듯 관대하게 하다가도 가끔 자극을 주는 등 서로에게 영향을 주면서 끊임없이 돌봐야 한단다.

한마디로, 사랑은 행복의 일부로서 파괴보다는 기쁨의 원천이 되도록 온 정성을 쏟아야 한다.

하지만 내가 얻은 최고의 배움 중의 하나는 사랑이 단지 배우자와 하나가 되거나 한 가족의 구성원이 되는 것을 의미하는 게 아니라, 그 이상의 큰 의미를 안겨준다는 사실이다.

또한, 사랑이 모든 인간을 포용하는 깊은 헌신이고 관용과 연민의 감정으로 만들어졌다는 것도 깨닫게 되었단다.

한편, 자연의 법칙과 조화를 이루면서 누리게 되는 자연과 인간의 공존을 이런 아름다운 시로 표현했더구나.

"너의 열정, 너의 욕망, 너의 우울함을 나무에게 전하라, 그러면 나무의 신음과 흔들림은 다시 너에게로 되돌아간다, 그리고 바로 넌 나무가 된다."

사랑에 대해서는 더 말하지 않아도 될 것 같다. 다만, 한 권의 책이 엄청난 가치를 담고 있다는 것만은 전하고 싶다.

하지만 너희가 이런 질문을 할 수는 있겠지.

"첫 손자인 토마스도 태어났는데, 어떻게 부모의 사랑에 대한 말은 한마디도 없으신가요?"

이것에 대해서는 이미 너희에게 말한 적이 있다. 하지만 이 소중한 부모의 사랑을 너희에게 다시 말할 수 있어서 기쁘구나.

너희는 자녀를 단지 사랑만 해서는 안 되고, 우리가 나눈 이야기들을 전해야 하며, 너희 평생을 통해 그것을 증명해 보여야 한다. 말보다는 행동으로 말이다.

또한, 너희를 훌륭하게 키워낸 엄마처럼 행동의 경계를 분명하게 두어야 한다.

자녀를 기르는 것은 다른 것들 못지않게 너희가 기쁨을 누릴 수 있는 또 다른 기회란다. 나도 너희에게 두 가지 기쁨을 빚졌단다.

한 가지는 너희 둘이 서로 아끼고 있다는 사실을 알고 아주 기뻤단다. 하지만 당부하고 싶은 게 있다. 각자가 서로 다른 재능이나 장단점을 갖고 있으니, 자신을 용서하듯 서로 용서하길 바란다.

남은 한 가지는, 너희가 나를 사랑한다는 말을 할 때마다 아주 기쁘단다. 너희는 내 삶의 사랑이었고 앞으로도 영원히 그러할 것이다.

너희에게 진심으로 감사하고 싶구나. 너희 덕분에 지금 내가 이 편지에서 말하고자 하는 행복에 대한 내용을 깨닫게 되었다.

†

예의 바른 우정

느끼는 것에 대한 내용을 다루고 있는 이 부분에서, 내 마음에 있는 우정이라는 아주 특별한 느낌을 털어놓으려고 한다. 아리스토텔레스가 말한 것처럼 우정이란 행복의 요소 중 하나이다.

그럼에도 불구하고, 우정에 대해서 이야기해야 할

필요성은 그다지 느끼지 못하겠구나. 왜냐하면 너희는 둘 다 아주 어렸을 때부터 친구들에 둘러싸여 있었고, 그것이 아주 큰 의미라는 것을 이미 알고 있으니까 말이다.

단지, 내가 겪은 일처럼 우정에 대한 실망감으로 고통을 겪지 않기를 바랄 뿐이다. 친구가 모든 문제를 잘 대처하지 못한다고 여길 때, 이런 실망감이 생겨난단다.

생각과 느낌이 조화를 이루고 그것이 행동으로 옮겨지기 위해서는(또는, 내가 이제까지 간직하고 있는 것처럼 우정이 고귀하다는 것을 깨닫고 존중하기 위해서는), 상황에 따라 어떤 친구와의 관계는 망설임 없이 끊어야 한다. 나는 지금까지도 이전과 같은 경험으로 더 큰 고통을 겪느니, 차라리 친구와의 관계를 끊는 선택을 하는 것이 옳다고 생각한다.

끝으로 한 가지만 더 부탁하자면, 아무리 친한 친구라 하더라도 예의 바르게 대해야 한다.

†
진정한 쾌락

 헤아릴 수 없을 정도로 자주 쾌락을 느낀다고 해도, 그 자체가 행복은 아니다. 물론 행복을 위해 꼭 필요한 요소긴 하지만 말이다.

 에피쿠로스가 이런 말을 했지.

 "분별력과 정직, 정의가 있어야만 행복한 삶을 이룰 수 있고, 이 세 가지는 쾌락과 분리될 수 없다."

 오랜 시간 동안 나는 스스로를 즐거운 사람이라고 말해왔다.

 잊을 수 없는 순간을 수없이 즐기면서 내가 깨달았던 몇 가지를 이야기해주고 싶구나.

 가장 현명한 사람만이 삶에서 쾌락을 얻을 줄 알고 진정으로 그것을 즐기게 된단다. 왜일까? 그 이유는 쾌락(가장 매력적인 여정 중 하나)은 마음에서 신경증적인 측면과 고통이 분리될 때 생기기 때문이다.

'자신의 영혼을 충전'할 줄 아는 사람만이 느낄 수 있는 것이란다.

시간의 빠른 발걸음 소리를 듣고 삶이 찰나라는 것을 깨달을 때, 비로소 '매시간을 붙잡고' 그것을 즐기는 일에 집중하게 되지.

온전한 즐거움을 누리기 위해서는 하는 일과 일하는 순간, 일하는 장소에 자신의 온 존재를 쏟아 부어야 한다.

예를 들면, 나는 경치를 감상할 때 마치 내 눈에 저장해 넣듯이 고도의 집중력을 발휘하고, 어떤 순간이든지 현재를 즐기는 방법을 배웠다.

하루는 내가 학교에서 다음의 문장을 쓰면서 관련 주제를 다룰 때였는데, 그 순간 너희 할머니, 즉 내 어머니에 대한 생각이 문뜩 떠올랐단다.

"우리는 마치 내일 죽을 것처럼 오늘을 살아야 할까, 아니면 절대 죽지 않을 것처럼 살아야 할까?"

너희는 이미 내가 생각하고 있는 것뿐만 아니라 내 신념이 무엇인지도 알고 있겠지. 이 두 태도는 서로 반대되는 게 아니란다. 오히려 상호보완적인 개념이지. 마지막 남은 하루를 사는 것과 같은 열정에 무게를 두는 동시에 삶이 끝없이 펼쳐질 것처럼 영원한 계획을 세우면서 살아야 한다.

너희가 바다 앞에 서게 되면, 절대 바다와 산 중에 무엇이 더 좋은지 물어보지 않길 바란다. 그 질문은 위의 질문들 중 하나를 선택하라고 강요하는 것과 같다.

만일 결과적으로 욕망이 과도하고(비록 어느 정도의 열정이 꼭 필요하다고 해도), 상황적으로 과도한 욕망을 요구한다거나, 욕망의 쾌락으로 '마음의 불합리한 충동'이 발생할 위험이 있을 때, 그리고 즐겁지 않고 불편함이 느껴질 때에는 그 욕망을 즉시 제거해야 한다.

모든 획득(광의적 의미로)의 과정에는 상실(예를 들어, 성공을 이루기 위해 감수해야 하는 희생)의 발생과 그것을 인정한다는 뜻이 포함되어 있다는 사실을 잊지 말길 바란다.

중요한 것은 열정이 있고 없고가 아니라, 치러야 하

는 대가를 짐작하면서 그런 열정을 다스릴 줄 아느냐 하는 것이다.

또한—동양 철학에서 얻은 영감인데—고통에 대한 저항력과 힘을 유지하기 위해 욕망을 억제하는 것이 아니라, 욕망을 다스리고 그 방향을 잡아가는 게 더욱 중요하다.

마지막으로, 너희에게 지루함—수많은 사상가가 행복의 장애물로 생각하는—에 대해서는 한마디도 하지 않을 것이다. 왜냐하면 그 말을 하다 보면 내가 지루해질 테니까.

†

신뢰를 바탕으로 한 믿음

믿음에 대해서 이야기하기 전에, 존재의 관점에서 몇 가지 자료를 너희에게 상기시켜주려고 한다.

우주의 나이는 약 136억 년이다.

우리 태양계에서 삶은 50억 년 전으로 거슬러 올라간다. 호모 하빌리스(Homo habilis, 능력 있는 사람이라는 뜻_옮긴이)는 약 300만 년 전에 있었다.

우주에 수십억 개의 별이 있다고 추정할 때, 우리만 존재한다고 믿는 것은 주제넘은 착각이다.

천문학자들은 최대한 낙관적으로 생각해서, 우주가 50억 년 내에 '사라질' 거라고 계산했다. 따라서 우리는 태양이 팽창돼서 거대한 붉은 별로 변화되어 지구를 삼키게 될까 봐 염려하고 있다!

다시 우리 이야기로 되돌아와서, 위에서 말한 이것이(?) 믿음과 무슨 상관이 있을까?

나는 믿음—생각과 마음의 영역 사이에서 양쪽 다리를 걸치고 있는 주제—이 행복에 도달하는 데 이바지할 수 있다고 생각하기 때문이다.

믿음을 좀 더 넓은 의미로 이해해보도록 하자.

믿음은 존재의 신비를 존중하는 것이란다.

종교는 그들 나름대로 도덕적 원리들을 전달하고, 특별히 불행을 겪은 인간에게 수많은 위로를 준다는 점에서 존중할 만한 가치가 있다.

그럼에도 불구하고, 종교는 종파의 분쟁과 학살, 전쟁의 원인이 되는 순간부터 비난을 받게 되었단다.

태곳적부터 우리 조상들이 그랬던 것처럼, 오늘날에도 종교적 느낌은 아주 어릴 때부터 지속적으로 주입되고 있다.

너희들의 엄마(가톨릭에서 분파된 종교를 따르는 고등학교에서 교육을 받았고, 그 과정에서 상처를 입었다)와 나(내 경우에는 부모님 두 분 모두 아주 실천적 유대인 가문 출신이셨지만 종교를 떠나 사셨다)는 너희에게 종교 활동을 강요하지 않고, 비종교적 교육을 시키기로 결심했단다. 나만큼이나 너희 엄마도 자유로운 생각과 관용, 다양성을 존중하며 그것을 전하는 것이 가장 중요하다고 여겼지.

내가 그런 생각을 품고 있는 것처럼, 여기에서 내가

말하는 믿음은 종교와 반드시 연결되는 개념이 아니라, 어느 정도까지 충만한 상태에 이르도록 도와줄 수 있는 주체로 이해했으면 한단다.

무신론자는 마치 신을 부정하는 자체를 자축하고 있는 것같이 보인다. 그리고 불가지론자는 "모든 형이상학적인 것들을 헛된 것으로 여기고 인간의 정신은 만물의 본질에 대해서는 전혀 알 수 없다."라고 선언했다.

개인적으로, 나는 내면의 소리를 듣고 곰곰이 생각하면서 나에게 맞는 나만의 믿음을 갖고 세계관을 세웠단다. 예를 들어, 나는 창조주에게는 이름이 없고 모든 인류에게 공통적인 것이라고 생각한다.

그리고 나는 창조주의 에너지를 믿고 있단다. 나는 우리의 영혼이 한순간에 만들어진 에너지로, 학습을 하거나 시험해볼 수 있다고 생각한다.

그 창조주의 에너지는 원초적인 우주 에너지와 보편적인 의식 일부를 형성하는 것으로, 현재 인간의 진화 상태로는 감히 그것의 본질과 목적에 접근할 수 없단다.

이와 마찬가지로, 나는 종교란 죽음 이후 영혼이 살아남는 것이고, 좀 더 정확히 말하자면 영혼이 영원히 이어지는 거라고 생각한다.

이 세상에 불가사의한 일이 있을 수는 있지만, 우연이란 없다.

"신은 주사위를 던지지 않는다."

알베르트 아인슈타인

여기서 중요한 것은, 이런 방식의 믿음이 이 편지의 목적인 자기 자신과 일치하고 평온함을 이루는 데 도움이 되었고, 지금도 계속 도움이 되고 있다는 사실이다.

따라서 너의 방식대로, 그러나 신뢰할 만한 믿음을 갖길 바란다.

행복에 이르는 길을 비추는 데 도움이 될 수 있는 너만의 믿음을 갖고 영적인 준비를 하기 위해서, 너희 존재의 깊은 곳에 있는 문을 열어두길 부탁한다.

†
사랑하는 사람을 위한 기도

 이제는 내가 말했던 것만큼이나 중요한 실천에 대해서 이야기해야 할 것 같구나. 나는 정적 상태에 있는 것, 즉 기도에 대해서 계속 고민해왔고 지금도 여전히 고민 중이란다. 밤에 자기 전에 기도하는 것 말이다.
 내가 말하는 기도는 경배와 기원(나를 위해 뭔가 요청하는 것)이 아니라, 높은 단계의 간청(내가 만든 표현이다)이고 너희에게 언젠가 반복해서 말했던 것처럼 남을 위해 하는 단순한 기도란다. 즉, 사랑하는 사람들을 위해 구하는 것이지. 나는 그저 사랑하는 사람들의 건강을 위해 기도한단다.
 나는 위대한 작가인 빅토르 위고의 말을 믿고 그와 같은 희망을 품고 있다.
 "기도한 것은 절대 사라질 수 없다."

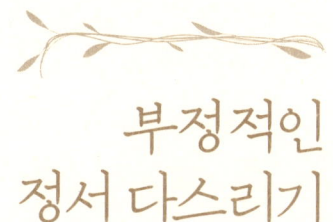

부정적인
정서 다스리기

† 이성과 감정의 적절한 통제

 우리는 모두 분노와 우울증, 불안 등과 같은 해로운 정서를 비롯해 이미 언급한 두려움과 불만족 같은 부정적인 정서를 무모하게 만들며 키워가고 있다.

 분명히 이런 느낌과 감정은 마음뿐만 아니라 몸도 아프게 하기 때문에, 행복을 향해 가는 길에 큰 걸림돌이 된단다. 이것 때문에 우리 몸에 불면증과 변비, 뇌

졸중, 암 등이 나타나기도 하지. 물론 이에 대한 해결책은 우리의 감정을 부정하는 것이 아니라, "다른 사람들로 인해 줄어들었지만, 깊이 생각하고 고찰해서 높아진 감수성(벤자민 콩스탕Benjamin Constant, 1767~1830, 스위스 태생의 프랑스 정치가·소설가_옮긴이)"을 회복하는 것이다.

이성과 감정은 서로 영향을 줄 뿐만 아니라, 상호 간에 많은 도움이 된단다.

근거의 오류로 가끔 발생하는 잘못된 평가와 부적절한 반응들, 수많은 부정적인 정서와 흥분은 주목해볼 가치가 있다.

또한, 감정 때문에 논리적인 사고를 못하고 제대로 생각하는 데 방해를 받으면, 벌어진 상황에 필요한 준비를 하거나 적절한 접근을 하지 못하게 된다. 결과적으로 불합리한 결정을 내릴 위험에 처한단다.

반대 의미이긴 하지만 위와 마찬가지로 감정은 또 다른 영향력을 가지고 있다. 파스칼이 "마음은 이성이 모르는 이유를 알고 있다."라고 말한 것처럼 감정은 좋은 상담가가 되기도 한다.

따라서 결정을 내려야 하는 순간에는 이성과 감정 중 무엇에 우위를 두어야 하는가에만 초점을 맞추지 말고, 이성과 감정의 조화, 즉 둘 사이가 긴밀하게 연관되고 일치되도록 힘써야 한다. 생각하는 것과 느끼는 것 사이가 벌어질 때 불균형과 불화, 갈등이 생기고 삶이 복잡해지기 때문이다. 그리고 만일 그것을 목표로 삼는다면, 자기통제는 부정적인 생각과 감정에서 벗어나도록 도와주거나, 아니면 적어도 '부정적인 생각과 감정을 관리'하는 데 유용한 도구로 사용될 것이다.

위에서 언급한 감정을 "관리한다."라는 말은 무슨 뜻일까?

어떤 면에서는 너의 감정의 세기와 표현하는 빈도수를 줄인다는 것을 의미한단다. 다른 한편으로는 나타나는 반응들을 조절한다는 것을 뜻하기도 한다.

나는 평생 자기통제를 하기 위해 노력해왔단다. 자

기통제에 도움이 될 만한 것들을 내 안에 세워 가는 데 전념하고 있다. 이성적으로 통제하지 못할 상황들은 피하고 마음속의 흥분을 다스리면, 공격적이고 가끔 충동적으로 반응하는 것들이 내 안에서 빠져나갈 것이다.

프랑스의 철학가인 알랭(Alain, 1868~1951)이 "지혜로운 사람이 현명한 것은, 덜 미쳐서가 아니라 좀 더 제정신이기 때문이다."라는 말을 남겼단다.

이런 이유로, 나는 이미 언급한 방법들 외에, 내면의 평화에 방해되는 부정적인 정서를 없애는 데 필요한 또 다른 태도들과 이에 관련된 조언을 덧붙이기로 했단다.

한때, 우리 가족 관계를 어둡게 만들었던 먹구름이 지금 내 머리를 스쳐 가고 있단다. 바로 분노가 폭발했기 때문이었지. 이 해로운 감정을 예로 드는 것이 흥미로울 것 같구나.

폭력을 피하는 분노 조절

 분노로 인해 발생하는 근본적인 위기는 공격적이고 시기적절하지 않은 행동과 언어 때문이고, 이 때문에 소모적인 논쟁을 하게 된단다. 일반적으로 사람들은 분노하고 나서 후회를 하는데, 그 상처는 회복하기 어려운 경우가 더 많다. 그렇지 않니?

 나는 분노를 생각하면 바로 전기 충격이 떠오른단다. 분노는 눈 깜짝할 사이에 튀어 오르는 내면의 용수철처럼 순간적이고, 일단 퍼지게 되면 긴장감이 팽팽해진다. 또한, 이것은 난폭함과 폭력의 원인이 되기도 한다!

 나는 분노로 뻗어 나가던 신경의 흐름을 끊거나 몰아내면서, 다음과 같은 예방책을 익혀야 했단다. 아마 너희도 흥미로워할 것 같구나.

 예를 들어, 토론이 벌어지고 있는데 의견이 서로 맞

지 않은 경우가 생겼다고 가정해보자. 이럴 때는 두 가지 행동을 취할 수 있다. 걸림돌을 피하거나 그 앞에 맞서거나. 그럼 각각의 예를 살펴보자.

A) 걸림돌을 피하는 방법

만일 토론하는 날이 자신이나 다른 누군가에게 별로 안 좋은 시기일 것 같다는 생각이 들면, 차라리 이렇게 말하는 것이 낫지 않을까? 예를 들어, "저기요, 오늘은 시기적으로 좀 별로인 것 같아요. 도무지 감정을 조절하기 어렵고 신경이 예민해질 수도 있을 것 같은데요!" 이렇게 말을 꺼내면서 조심스럽게 회의를 연기하자고 제안하는 건 어떨까?

아니면, 솔직하게 말할 수도 있겠지. "사실 제가 겉으로는 화가 누그러진 것처럼 보이겠지만, 이건 빙산의 일각이에요. 지금 제 맘 깊숙한 곳에 불안감이 꽉 차 있는 상태라서 시간을 두고 좀 다스려야 할 것 같아요. 그래서 그런데 죄송하지만, 이 회의를 좀 연기하면 안 될까요?"

B) 걸림돌에 맞서는 방법

가장 좋은 방법은 대화가 싸움으로 번지지 않게 하면서, 시간을 갖고 논리적으로 상황을 조절하는 것이다.

예를 들면, 상대방의 얼굴이나 태도를 관찰하면서 상황을 파악해보자. 이것은 표출될 수 있는 감정의 강도를 정확하게 살펴보기 위해서란다.

단, 어떤 경우에도 상처 되는 말을 해서 상황을 악화시키지 말아야 한다. 상처 입은 사람은 오랫동안 그것이 마음에 사무칠 수 있기 때문이다. 그래서 이런 유명한 말도 있잖니.

"때리는 사람은 모래 위에 글씨를 쓰고, 맞는 사람은 청동 위에 글씨를 새긴다."

그러니 무슨 일이 있어도 절대 서로 공격해서는 안 된다. 비판이나 불평을 하기보다는 서로 침착하게 설명해야 한단다.

또한, 적게 말하고 많이 들으라는 법칙처럼 최대한 적게 말해라. 꼭 침묵을 유지해라.

단언하기보다는 다른 사람이 말하려고 했던 것을 말

할 수 있도록 질문을 건네라.

그리고 어떤 상황이 발생해도 목소리를 절대 높이지 말길 바란다. 물론 이것은 우리 모두에게 아주 어려운 일이다. 하지만 이렇게 하는 데 도움이 될 만한 두 가지 예방책을 전해주마. 지구 나이만큼이나 오래된 방법이란다.

말하기 전에 반드시 입안의 혀를 일곱 번 움직여라. 그리고 숨을 깊게 들이마셔라.

중요한 사안을 다룰 때에는 다른 사람이 방금 말했던 것을 반복하고, 동시에 상대방에게도 내가 말했던 것을 반복해 말하도록 제안해라. 이 두 가지를 하는 목적은 모든 혼란이나 오해를 피하기 위해서란다.

또한, 꼭 이유를(만일 전체적인 이유가 아닐 때는 부분적인 이유라도) 설명해주어라. 그리고 더 나은 타협을 하기 위해서는 둘 중 어느 누구도 모든 진실의 주인이 아니라는 사실을 명심해야 한다.

한편, 이런 딱딱한 분위기를 풀기 위해서는 상반된 반응이 예상되더라도 주어진 시간에 유머를 십분 활용할 줄 알아야 한다. 이런 상황에서 좋은 분위기를 만들 수만 있다면 자신이 우스워진들 뭐가 문제겠니?

하지만 위에서 말한 이런 조언이 전혀 효과가 없다면 심각한 상황이다. 물론 구제불능인 경우도 분명히 있지.

이것이 모두 분노와 관련된 내용이란다.

혹, 원한과 감정적인 협박—끔찍한 상황—불안과 괴로움 등의 기타 감정들과도 연관된 내용이 아닐까?

행복은 마음의 평안과 자기 자신과의 일치, 평온한 상태를 통해 얻어지는데, 부정적 정서가 이 길을 가로막고 있다. 그래서 이미 여러 조언자가 이것들을 다스리는 데 도움이 되는 방법들을 이야기했단다. 관련된 내용을 덧붙여주고 싶구나.

†

신뢰성을 높여주는 주의력

주의력은 최대한 오래 '조심성, 준비성, 성실성, 진

지성, 신중성'을 유지하는 자질이란다. 그래서 주의력 검사라는 것도 있지.

이것은 아주 결정적인 역할을 하는데, 바로 다음과 같은 중요한 이유 때문이란다. 우리가 주의를 기울일수록 우리를 둘러싼 현실을 더 잘 파악하게 되고, 부정적 정서를 다스리는 능력을 높일 기회도 많아진단다.

주의력에 관한 여러 의견 중, 주의력 배가의 필요성에 대해 이야기하고 있는 크리슈나무르티(Krishnamurti)의 의견을 살펴보자. 그의 말에 따르면, 주의력은 심장에서뿐만 아니라 머리에서 나오는 것이다. 그리고 우리는 주변의 존재를 인식하지 않은 채 사물들을 관찰하고 바라보는 법을 배우고 있다.

신기하게도 프랑스의 철학자 앙리 베르그송(Henri Bergson)도 비슷한 생각을 하고 있더구나. 그는 사물을 본다는 것에 대해서 이런 말을 남겼지.

"사물을 본다는 것은 그 사물 위에 붙여진 이름표를 읽는 것에만 국한된 것이 아니다. 따라서 눈으로 보이는 현상과 실재 사이에 있는 색과 모양에 대한 편견에서 벗어나야 한다."

그러므로 우리는 긴장감을 유지하고 강화하는 훈련을 해야 한단다.

†
거리 두기의 객관성

거리 두기와 주의력은 서로 보완적이란다. 이것은 고요한 상태에 있도록 도와주는 또 다른 방법인데, 사물과 환경으로부터 일정한 거리를 두는 것이란다. 즉, 긴장감을 줄이고 중용을 따르기 위한 공간을 만드는 것이다. 그러면서 우리의 모든 행동과 실행에 집중하는 것이지.

내가 만일 무슨 방법을 동원해서라도 유체이탈 능력을 가질 수 있다면, 나는 행동하는 사람인 동시에 일어난 일들에 대해 좀 더 꿰뚫어볼 수 있는 통찰력을 가진 관찰자가 되고 싶다. 그래서 내가 사는 모습을 직접 바라보고 싶다.

늘 거리를 일정하게 두기 때문에 그 누구와도 거리를 두느라 따로 애쓸 필요가 없다면, 물질적인 재산 소유 때문에 발생하는 복잡함을 미리 예방할 수 있단다. 그리고 적당한 거리를 두고자 하는 바람이 크면 클수록 더 많은 정신적인 자유를 누릴 수 있게 된다.

†
내면의 소리 듣기

듣는 방법은 다양하다. 하지만 우리는 자주 중요한 것들을 듣지 못하게 된다. 예를 들면, 우리의 몸에서 보내는 신호들이 방해할 수도 있기 때문이다.
또한 상대가 우리에게 말하는 것에만 귀 기울이기 때문에 그렇기도 하다.

그리고 바로 직관이 그 원인이 되기도 한다. 흥미로운 현상인 직관은 '이성을 사용하지 않은 직접적이고 즉각적으로 얻은 지식'이다. 바로 본능적으로 미리 느끼는 예감이지.

또한, 우리 주변에서 들리는 모든 소리가 방해물이 될 수도 있다. 너희는 대부분 사람들이 듣는 것보다 말하는 것을 좋아한다는 사실을 눈치챘을 것이다. 언제나 듣는 것이 기본이라서, 말하는 것을 스스로 자제하라고 그렇게 가르치고 도와줘도 말이다.

게다가, 사람들은 무언가를 잘못 듣기도 한다. 별로 기분이 안 좋은 상태에 들어도 그렇고, 머리가 복잡하거나 마음이 아플 때에는 벗어나려는 마음 때문에 복잡해져서 잘못 듣기도 한다.

따라서 나는 특별한 상황에서 중요한 결정을 내리기 전에는 다양한 의견을 듣는 것이 큰 도움이 된다는 사실을 늘 염두에 두고 활용하고 있단다.

그리고 나는 무엇보다도 너희가 자신의 소리를 듣길 바란다. 이 점은 조금도 소홀히 할 수 없는 중요한 사안이란다. 이것을 통해 내면의 소리, 즉 인간의 본성에 속하는 숭고한 부분에서 나오는 좀 더 깊은 존재의 소리를 들을 수 있게 된다. 단, 이 맑고 분명한 소리는 오직 내면의 공간을 비우는 사람에게만 들린단다.

†
휴식의 방법

부정적인 감정을 다스리기 위해서는, 적어도 하루에 한 번 긴장을 푸는 운동을 하는 것이 좋다. 이것은 신체뿐만 아니라 정신적 긴장감을 낮추는 데 효과적이라고 알려져 있다.

물론 나도 그것을 실천에 옮기고 있단다.

나의 실천 방법-다양한 방법이 있다-은 아주 간단하다. 특별히 뭔가를 준비할 필요도 없고 언제 어디서

나 할 수 있다. 다만, 나는 외부와 좀 떨어진 장소를 선택하는 것을 좋아한다.

순서나 걸리는 시간과 기간은 너희의 집중도와 여유 시간에 달려 있다.

내 경우에는, 하루에 두 번씩 긴장을 푸는 질문(간단하게 아래 설명하는 것처럼 "나는 무엇을 알고 있는가?(크세주, Que Sais Je?)"에서 뽑아낸 질문으로, "내가 알아채지 못한 사이에 무엇이 없어졌을까?" 하는 물음)을 일할 때와 자기 전에 각각 한 번씩 한다.

나는 너희에게 잠자리에 들기 전에 간단한 숙제를 하도록 권하고 싶다. 바로 하루에 있었던 일들을 머릿속으로 쭉 되돌아보고 간단하게 분석해보는 것이란다.

나는 너희가 한 일 중에 잘 통과한 부분은 스스로 칭찬해주고, 잘 넘기지 못해서 넘어졌던 부분은 되돌아보길 바란다. 그리고 나서 눈을 감고, 몸의 각 부분을

'볼' 수 있도록 각각의 이미지를 떠올려 보아라. 그러면서 점차 신체 각 부분의 긴장감이 풀리는 감각에 집중해라. 그러면 다음과 같은 경험을 할 수 있단다.

- 오른팔 전체를 무겁다고 느끼면, 갈수록 점점 더 무거워지게 된다. 한쪽에서 다른 한쪽 끝으로 이동하면서 오른팔이 뜨겁다고 느끼면, 아주 뜨거워진다.
- 내 호흡이 정상이라고 느끼면, 들숨과 날숨은 아주 깊어지고 정상적인 상태가 된다.
- 내 심장이 정상적으로 뛴다고 느끼면, 심하게 뛰던 심장박동이 정상적으로 돌아온다.
- 내 명치가 아주 뜨겁다고 느끼면, 명치에서 발산되는 열기가 몸 전체에 퍼지는 것이 느껴진다.
- 내 눈앞이 아주 상쾌하다고 느끼면, 아주 신선한 공기가 주변을 맴돌게 된다.

부디 이 연습에 익숙해져서 많은 혜택을 누리길 바

란다. 관절이 튼튼해지고 근육이 부드러워지게 될 것이다. 그리고 신경계 조절이 잘되면서 점차 편안한 휴식을 취하게 되고, 정신적인 평온을 누릴 수 있게 된다.

뭔가 결정을 내려야 하는 순간에는 신경이 곤두서기 마련이다. 이럴 때, 앞에서 말한 것들이 알맞은 선택을 하는 데 도움이 될 것이다.

나는 당분간 요가를 하지 않고, 뭔가 다른 특별한 운동을 해볼까 생각하고 있단다.

하지만 기절할 것 같다는 느낌이 들거나 테니스를 할 때 숨이 차다고 느낄 때는, 코로만 쉬는 들숨과 날숨(입을 닫은 채로)으로 하는 요가 호흡법을 번갈아서 한단다. 처음엔 네 번, 그다음에 두 번, 한 번 식으로 조금씩 그 횟수를 줄여나가는 거지. 그러면 안정을 찾는 데 많은 도움이 된다.

†
결과를 상상해보는 시각화

이미 고인이 된 내 친구 중에는 아주 명석한 사제가 있었다. 나는 그에게서 처음 시각화에 대한 이야기를 들었단다.

"영국에서의 경험이라네. 방사능을 치료하는 동안 암에 걸린 환자들에게 종양과 방사능 효과를 눈으로 확인시켜줬어. 그랬더니 더 좋은 치료 결과가 나온 거야. 더 빨리 치유된 사람도 있고, 대부분 이전보다 더 많은 부분이 회복되었다네."

또 다른 곳에 비슷한 상황에 놓인 환자가 있었는데, 눈으로 보는 연습을 하는 중에 종양을 묘사해보라고 시켰다고 한다. 그들은 종양 부위가 점차 줄어드는 그림을 그렸지. 그랬더니 건강도 그림처럼 좋아졌다고 한다.

내가 말한 이 방법이 아주 흥미로워서, 너희가 걱정

하는 너희 엄마의 건강 문제에도 이 방법을 꾸준히 적용하고 있단다.

나는 이 방법이 단지 병을 치료할 수 있어서가 아니라, 부정적인 감정을 버리도록 도와주기 때문에 중요하다고 생각한다. 부정적인 생각은 우리를 갉아먹고 평온함에서 멀어지게 하면서 자신감을 떨어뜨리지. 그리고 결국 되돌아올 수 없는 곳으로 끌고 가면서, 자기 존재에 대한 확신을 잃어버리게 한단다.

이런 시각화에 대해 연구한 믿을 만한 자료가 있단다. 그 안에는 다음과 같은 내용이 들어 있지.

너희가 이미 아는 것처럼, 우리는 잠재의식의 많은 부분, 즉 기억에 저장해두었던 정신적 이미지를 통해 생각하고 느낀다.

처음에는 적당히 연습(들숨과 날숨, 집중 등)하면 의식적으로 연상할 수 있게 된다. 좀 더 정확히 말하면, '부정적인 영향, 일반적으로 신체의 건강에도 영향을 끼치는 눌린 감정과 깊게 사무친 원한이 담겨 있는 무의식 상태'와 관련된 이미지들을 불러일으키게 된다.

예상하는 것처럼, 이런 재활성화 과정은 불안과 걱정을 일으키는 긴장감 때문에 어려워지기도 한다.

두 번째 단계는 언급한 부정적인 이미지를 없애고 우리 내면의 창에 앞으로 바라는 새로운 이미지를 투사해서 대체시키는 것이란다. 이 새로운 이미지는 긍정적이고 건설적이며 힘을 주는 것들로, 우리의 경험 속에서 선택하거나 상상 속에서 튀어나온 이미지들이지.

이런 이미지에 생명력을 불어넣으면 건강하고 긍정적인 인식이 생긴다. 그리고 감정과 삶, 미래를 향한 태도를 긍정적으로 이끌어가게 된단다.

여기서 너희가 해야 할 일은 문제의 해결점을 찾도록 노력하는 것이다. 더불어 잠재의식이 이런 능력을 갖추고 있고, 문제 해결에 책임진다는 태도를 보여주는 것이다.

하지만 꼭 질병과 관련된 부분이 아니더라도, 일상생활 속에서 시각화가 필요한 상황들을 만나게 된다. 예를 들어, 정신적 기대감이란 것이 있다.

우리가 폭이 좀 넓은 개울가를 앞에 두고 반대편으로 건넌다고 상상해보자. 뛰기 전에 마음속으로 반대편 기슭을 발로 밟는 것을 "눈으로 상상해본다."고 가정했을 때, 이 시각화된 이미지는 주저하지 않고 안전하게 뛰어넘도록 도와줄 것이다. 이것은 의심할 여지가 없다.

이 경험은 모든 운동에서도 적용할 수 있다. 나는 종종 테니스를 통해 시각화 효과를 확인하게 된단다. 라켓으로 공을 치기 전에 떨어뜨리고 싶은 지점 근처에 공이 떨어지는 것을 '눈으로 상상해보면' 공을 칠 때 더 정확해진다.

마지막으로, 이번 장에서 무의식중에 생기는 갈등을 언급하고 마무리할까 한다. 이것은 보통 유년기(충분히 통합되고 극복되지 않은)에서 시작된 것으로, 억제,

억압, 차단 등의 형태가 있단다.

우리의 행동을 분석하면서 해결되지 않은 트라우마나 옳지 못하게 해결된 문제(프로이트의 표현을 따르면 '자아가 자기 집의 주인이 아닌 경우')를 인식하게 될 때, 치료하지 않겠다고 고집부리는 일은 어리석은 태도이다. 하지만 만일 치료 받겠다고 결심하면, 그다음에는 도움의 손길을 만나도록 꼭 행운을 빌어야 한다.

나는 인생의 어느 순간에, 내게 있던 오이디푸스 콤플렉스(Oedipus complex, 아들이 어머니를 차지하고자 하는 욕망에 근거한 생각·원망·감정의 복합체. 아버지에게 반감을 가지는 경향이 있다_옮긴이)를 해결할 거라는 결단을 내렸고, 그것을 극복할 수 있도록 도와준 전문가를 만나는 행운까지 얻었단다.

왜냐하면 이런 문제는 아무리 배운 게 많고 똑똑하다고 해도 스스로는 절대 해결할 수 없기 때문이다. 이런 문제로 향하는 문은 심지어 친한 친구에게도 열리지(침묵을 지키는 것보다 말하는 게 더 건강하다고 해도) 않는 경우가 많고, 최대한 강하게 힘을 주어 꺼내고 싶어도 상자 안에서 꼼짝하지 않을 수 있다. 더 심한 경우, 이 펄펄 끓는 냄비는 외부의 압력에 견디다 못해 터질 수도 있단다.

고통 앞에서
단단해지기

원래 지혜로움을 갖추고 있거나, 운 좋게 그것을 얻은 사람들은 부정적인 감정을 내쫓는(또는 적어도 조절할 줄 아는) 동시에 긍정적인 감정을 기르는 법을 알고 있을 것이다. 그리고 이런 것을 배울 수 있는 선물을 받았다면 그것은 값으로 매길 수 없을 정도로 귀하단다. 이를 통해 더욱 담대하고 강해지며, 결국 고통에 맞설 힘도 세지는 거니까.

어떤 작가인지 정확히 기억은 안 나지만, 이런 말을 남겼단다.

"신이여, 육체적인 고통과 내가 나에게 지운 정신적인 고통에서 나를 지켜주소서."

나는 정말 불안한 사춘기를 보냈단다. 몸이 마비될 정도의 두려움에 휩싸여 있었지. 그 기억이 지금까지 남아 있어서 이 구문이 특히 더 눈에 띄었던 것일까? 솔직히 나도 잘 모르겠구나.

육체적인 고통이 자주 일어나는 괴로움이나 가끔 일어나는 수난 정도라면, 정신적인 고통은 행복을 향해 가는 여정에서 만나는 아주 큰 걸림돌 중 하나라고 생각한다. 왜냐하면 정도의 차이는 있지만, 그것은 이제까지 유지되어 온 감정적인 균형을 한 번에 흔들어놓기 때문이지.

이것은 단순하게 우리를 지치게 하는, 아주 사소한 불쾌감과 실망만을 뜻하는 것은 아니란다. 또한, 실패로 인한 고통, 좀 더 앞에서 언급한 잘 정돈된 자존감과 같은 것으로 극복할 수 있는 그런 고통도 아니란다.

이것은 애정 결핍으로 생기며, 사랑하는 사람을 괴

롭게 하는 절대적인 고통이란다.

그러면, 이런 고통스러운 느낌을 과연 어떻게 극복하고 참아낼 수 있을까?

이 편지에서 해주는 조언을 하나씩 따르다 보면 각자의 취약한 부분이 점점 줄어들게 될 것이다.

이성의 활용, 즉 우리를 약하게 만드는 부정적인 생각과 감정을 몰아내기, 정신을 어루만져주는 운동과 훈련, 사랑을 비롯해 그것과 관련된 존재의 근원에 있는 기쁨과 그 외 긍정적인 정서 기르기 등이 바로 그것이다. 이런 중요한 방법들은 스스로 자신을 다스리게 도와주고, 오히려 고통을 돋보이게 할 수 있을 정도로 정신적인 힘을 길러준다. 또한, 고통을 참을 수 있는 능력을 키워준단다.

위에서 말한 것들에 노력을 쏟으면, 너희 내면의 세계는 피난처이자 안전하고 평화로운 장소가 될 것이다.

그리고 마음을 가라앉혀주는 침묵을 유지하고 관계나 상황으로부터 어느 정도 거리를 둔다면, 갑작스럽게 변하는 감정을 보호하고 그 때문에 생기는 고통을 덜게 된다.

이런 방법들은 창조적 정신과 연결된단다.

또한, 내가 반복하고 있는 말이긴 하지만 핵심 개념인 명쾌한 태도, 즉 '받아들이기'와도 연결이 될 것이다.

다른 사람을 받아들이고 나 자신을 받아들이기
상황을 받아들이고 수많은 것을 인정하고 받아들이기
오늘날 우리가 인간의 조건이란 말을 비롯해
여러 가지 이름으로 부르는 자연,
그리고 설령 광기와 천박함, 공포가
삼중으로 얽혀 있는 환경이라고 해도 인정하고 받아들이기

몽테를랑

이런 태도는 에피쿠로스가 말했던 "잔인해 보여야 하는 운명이란 없다."와도 비슷하다.

이전보다 더 힘들고 어려울수록 그 고통의 뒷면에는 삶의 기쁨과 쾌락이 있다는 것을 명심해야 한다.

아니면 "이것보다 훨씬 더 최악의 상태가 될 수도 있었겠지?"라는 질문을 던져보면서 조금이라도 고통의 색을 옅게 하는 건 어떨까?

이런 질문을 생각하다 보니 어느 한 남자의 이야기가 떠오르는구나. 이 남자는 문제만 생기면 친구들에게 어김없이 "더 나빴을 수도 있었는데 천만다행이네!"라고 말했단다.

어느 날, 친구들이 그에게 한 남자의 소식을 전했다. 어떤 남자가 가정이 있는 여자의 침대에 있다가 갑자기 들이닥친 남편에게 살해를 당했다는 것이지.

그러자 그 남자는 바로 "더 나빴을 수도 있었는데 천만다행이네!"라고 소리를 쳤다. "뭐라고?" 그의 친구들이 놀라 말했다. "아니, 죽음보다 더 나쁜 일도 있다는 말인가?" 그러자 그 사람이 이렇게 대답했다는 거야. "만일 그 전날 그 일이 일어났다면, 내가 죽었을 수도 있거든!"

고통을 극복하게 해주는 정신적 용기에 대한 이야기

로 다시 돌아와서, 여기에 아주 기본적인 미덕 하나를 덧붙이고 싶구나. 바로 신중함이란다.

신중하고 사려 깊은 사람은 일관성 있는 행동을 하고, 쓸데없는 위험을 떠맡지 않으며, 자신과 상관없이 벌어진 일로 고통이 가중되는 것을 피할 수 있단다.

행복을 불러오는
행동하기

•
•
•

"세상은 살아가기에 너무 위험한 곳이다.
그것은 해를 끼치는 사람들 때문만이 아니라
그대로 두고 앉아서 방관하는 모든 사람들 때문이다."

알베르트 아인슈타인

†

　　　　　내가 지금까지 너희에게 무슨 말을 한 걸까? 아니, 지금까지 무엇을 말하려고 했던 걸까?

평안함을 누리는 것만큼이나 자기 자신―따라서 다른 사람들 및 자연과도―과 일치를 이루는 것은 행복의 핵심 요소들이다.

자기 자신과 일치를 이룬다는 것은 생각하는 것과 느끼는 것 사이에서 일관성을 만들어낸다는 것이지.

이런 일관성을 기르기 위해서 해야 할 몇 가지 도전 과제가 있다.

- 이성적이고 현실적인 시각을 가진다.

✝

- 긍정적인 감정과 창조적인 생각을 기른다.
- 부정적인 생각을 버리고 해로운 감정을 조절한다.

물론 너희는 "전혀 간단한 게 아니네요!"라고 말하겠지.

맞아. 결코, 간단하지 않단다. 게다가, 행복해지기 위해서는 이런 일관성을 기르는 것만으로는 충분하지 않단다.

남은 두 번째 조건이 기다리고 있다. 바로 말한 이런 일관성을 실천으로 옮기는 것이지.

즉, 생각하는 것과 느끼는 것 사이에 조화를 이룰 수

†

있도록 삶의 모든 규칙을 행동으로 옮기는 것이란다.

너희가 이런 도전을 받아들이기로 했다면, 나쁜 일들을 피하기 위해서는 마음을 훈련하고 감정의 균형을 이루겠다는 의지와 열정이 꼭 필요할 것이다. 내가 말하는 나쁜 일이라는 것은, 생각하는 것과 느끼는 것이 서로 조화를 이루지 않는 상태이고, 생각과 느낌을 전혀 고려하지 않은 채 행동하는 것이란다.

이런 새로운 조화, 즉 행동의 일치까지 더해진다면, 너희는 내면의 평화를 누리고 정돈된 마음을 갖게 될 것이다. 여기에 훌륭한 유머감각은 필수적인 보호제 역할을 한다.

삶의 예술을 다루는 것, 우리의 생각과 느낌과 행동이 하나가 되도록 하는 예술은 어렵지만 매혹적이란다.

나도 이것이 힘들지 않다고는 말 못 하겠구나. 하지만 그렇다고 이게 그저 딴 세상 이야기는 아니란다.

자 그럼, 다음의 반대 목소리에도 주목해 보자. 계속해서 부정부패를 일삼고 자신의 이익을 위해서만 기뻐하며 도덕적인 원리들을 무시한 채 행동하는 사람들의 경우를 생각해보자. 그들은 생각과 느낌에 따라 일관된 행동은 하지만 과연 이런 사람들에게도 행복이 보장되었다고 봐야 할까?

†

 이 질문에 대한 내 대답은 다음과 같다. 이 편지에서 말한 것은 보통 사람들의 상식을 고려한 것으로, 도덕과 비도덕적인 개념들을 기본적으로 바탕에 깔고 있는 것이란다. 물론 예외도 있겠지. 도덕과 무관하게 사는 사람들은 다른 사람을 현혹시키는 거품 안에서 사는 것과 같고, 거짓 행복을 드러낸단다.

 세 가지 요소인 생각하고, 느끼고, 행동하는 것들 사이에 빈번하게 발생하는 불균형을 보여주기 위해서, 철학자이자 〈에밀〉의 저자인 장 자크 루소가 말한 비정한 예를 생각해보았단다.

 그는 "인간의 본성에서 분리할 수 없는 것, 즉 자연

†

의 순리에 따른 인간의 자유로운 감정"에 대한 중요성을 따르는 교육 방법을 권장하면서, 그의 다섯 자녀를 '고아원'에 보내버렸단다.

아셰트(Hachette) 사전에 나오는 주석을 살펴보면, 그가 행복한 인간으로 살지 않았을 가능성이 매우 큰 것으로 짐작된다.

"……신경증 환자였던 이 천재는 평생 고립과 오해의 삶을 살았다……."

그의 예가 극단적인 경우라고? 그럴 수도 있겠지.

하지만 꼭 이런 극단적인 상황이 아니더라도, 이런

†

일관성 없는 행동들과 갈등은 우리 주변에서 자주 일어난단다.

  이건 우리가 절대 피할 수 없는 것이란다. 우리의 감정과 사고방식이 조금 또는 전혀 일치하지 않은 채 행동하면 완전 다른 사람이 하는 것 같은 행동이 나오고, 우리 삶에 독을 퍼뜨리는 내면의 무질서와 문제가 발생하게 된다.

내면의 조화를 이루는 자아실현

내 생각들을 좀 더 논리적으로 이어가고 분명하게 표현하기 위해서 이 편지의 세 번째 부분에서는, 행복한 삶을 만들어가는 과정에서 핵심이 되는 요소를 이야기하려고 한다. 바로 자아실현에 대한 것이다.

내가 이해하고 있는 자아실현이란 존재 이유이고, 삶의 실천을 통해서 우리의 본질을 충실하게 이루어나가는 것이란다.

그래서 교육의 목적도(어원론적으로 ex ducere, 밖으로 이끌어내다) 사람 안에서 발전 가능성을 찾아내고 그 빛을 밖으로 끌어내는 것이다.

그리고 너희가 이미 알고 있는 것처럼 인간은 저마다 고유하고 그 자체로 하나의 우주이며, 아주 중요한 존재란다.

괴테는 "타고난 능력을 최대한으로 펼쳐라." 라고 말했다.

따라서 우리가 가지고 있는 신념과 포부는 자기이해(이미 언급한)와 자신감(앞으로 다루게 될), 기쁨과 열정(스피노자가 말한 '욕구'에서) 및 행동으로 옮기려는 의지를 통해 우리가 행복에 좀 더 다가가도록 인도해준다.

알랭은 "미래는 우리에게 달려 있다." 라고 말하며 다음 말에 다시 한 번 동의했다.

"너의 운명은 너에게 달려 있다……. 나쁜 운명이란 없고, 우리가 운명을 좋게 만들길 원하면 어떤 운명이든 좋은 것이 된다."

수많은 사람들이 충동적 뿌리를 뽑아내는 시점에 대해 무관심하고 소홀히 여기는데, 어떤 사람은 이것을 보고 인간 자체를 아주 회의적이고 한계에 막힌 존재라고 여긴단다. 이런 경우 다음의 주장을 받아들이는 것이 아주 중요하지!

"힘을 보여줄 수 있는 유일한 방식은 좋아하는 것이고, 좋아한다는 것을 보여줄 수 있는 유일한 방식은 행동으로 옮기는 것이다."

너희는 아마 "하지 않는 것보다 나쁜 행동은 없다."라는 말을 수천 번 들었을 것이다.

이것은 하찮은 행동만 말하는 게 아니라 중요한 행동도 마찬가지란다. 아무것도 행동에 옮기지 않으면, 아직 존재하지는 않지만 앞으로 시도하게(아주 조심스럽게) 될 일들도 그대로 사라질 수 있단다.

보통은 보이는 것보다 더 많은 것을 바라면, 늘 너희가 원하는 것을 얻을 수 있다. 단, 다음 조건을 따를 때만 가능하단다.

하려고 하는 것을 정말로 좋아하고 원해야 한다.

그것을 이루기 위해서는 어떤 대가라도 치르고 거기에 필요한 모든 것을 해야 한다.

우리가 더 높은 것을 바라보아야 하는 이유는, 우리가 추구하는 목표에 한계선을 그으면—이유가 타당하든 아니든 간에—저도 모르게 이 한계가 원래 설정해 두었던 목표보다 더 중요하다는 생각이 들게 되고, 따라서 원하는 결과도 얻을 수 없게 되기 때문이다.

반면에 목표가 아주 타당하고 정당하면 설사 실패를 했더라도 불평하지 않게 되는 법이다.

나는 이런 개념 중 일부가 기꺼이 하겠다는 너희의 의지에 힘을 불어넣어 주길 바란다. 또한, 개인적으로 나는 자아실현이란 개념을 이해하기 어려웠지만, 너희는 내 도움을 얻어 조금 더 쉽게 다가갈 수 있길 바란다.

대부분 사람들은 의지가 부족해서 많은 어려움을 겪는다. 하지만 또 한편으로는 너무 어려움이 없어서 의지 부족이 생기기도 한다.

내가 예전에도 언급했지만, 세상에는 매우 강박적

이고 폐쇄적으로 오로지 자신의 일과 거기서 발생하는 물질적 혜택을 얻는 데만 몰두하는 사람들이 있다. 여기서 통탄할 만한 것은 이런 과잉 에너지가 결국 내면의 부유함과 관련된 또 다른 자아실현에 타격을 준다는 사실이다. 또한, 행복에서 멀어지게 하는데, 그런 메달을 얻기 위해서는 반드시 대가를 치러야 한다.

이 마지막 경우가 언뜻 보기에 위험하지 않은 것처럼 보인다는 사실을 나도 아주 잘 알고 있단다!

지식을 다루는 것과 더불어 물질적 세계가 주는 우수한 장점들이 많지만, 이것들이 우리가 행복해지는데 충분조건은 아니다. 하지만 나는 지식과 물질이 각자 나름의 특성대로, 개인의 가치와 내면의 힘을 갖추는데 도움이 될 거라는 점에는 의심의 여지가 없다. 그리고 이런 가치와 힘 덕분에 우리의 기분은 한층 더 나아질 것이다.

> "너의 가치를 정확히 알고 싶다면,
> 돈과 집, 명성은 한쪽으로 제쳐놓고
> 너 자신을 들여다보아라."
>
> 세네카

내가 지금 인용 어구를 남발하고 있다는 것을 알고 있다. 하지만 이미 말했던 것처럼 이 모든 말은 내 안에 남아 크게 울려 퍼지고 있단다!

자기 자신의 중요성을 깨닫고 느끼는 것과 조화를 이루면서 사는 것, 자기 자신과 일치를 이루는 것과 관련해서 다시 내 이야기를 꺼내보려고 한다. 아마도 내 개인적인 경험을 나누는 것이 좀 더 도움이 될 것 같구나.

오늘날 내가 가지고 있고, 너희와 나누고 있는 행복에 대한 개념과 경험은 내가 얻은 성숙의 열매란다. 더불어 나 자신에게 진실해야 한다는 생각과 그것을 이루게 된 개인적 발전의 결과이기도 하다.

내가 설명을 잘했는지 모르겠구나.

너희도 알다시피, 처음 내 상황은 보잘것없었지만, 하늘과 땅의 도움으로 이만큼 발전하게 되었단다.

나는 11살 때 아버지의 죽음을 맞으면서 마음에 상처를 입었다. 이 상처는 아주 오래갔고 불안함이라는 감정을 만들어냈지. 다행히도, 그 상처가 내가 처음 품었던 야망에는 영향을 주지 않았어.

자신의 길을 스스로 열어 가겠다는 열망으로 가득했던 그 청년은 직업전선에 뛰어들게 되었지. 초반에 평범한 사람들이 있던 그곳은 금을 캐는 전쟁터로 바뀌었고, 그는 그 전쟁에서 살아남기 위해 최선을 다했단다.

그렇게 나 자신의 한계를 극복하기 위해서, 즉 '승리'를 위해 필요한 절제와 인내를 천천히 배우기 시작했지.

오히려 그 어려움들을 통해 나의 본질을 견고하게 지켜주는 절제와 인내라는 갑옷을 입게 되었다. 하지만 내 절제와 인내도 자주 흔들렸던 게 사실이란다. 이것이 바로 나에게 일어난 일이란다.

나는 오로지 하나의 목표, 즉 더 높은 직급에 오르고 재산을 모으는 데 전념했지만, 다행히도 탐욕과 욕망의 덫에 빠지지 않고, 돈—격언에 따르면 좋은 하인이자 나쁜 주인—보다 더 중요한 것이 많다는 것에 주목했단다. 인생 최고의 가치란 삶에서 돈의 무게를 뺄 때 드러난단다.

하지만 내가 '행복' 속에 있으면서도 끊임없이 다음의 증상들에 시달렸음을 이야기해야 할 것 같구나. 바로 만성피로와 입술의 수포, 치질, 심한 잠꼬대(절대 권하고 싶지 않은), 다양한 틱장애(일이 잘 풀리도록 조용히 읊조리는 기도처럼 영혼을 돌보는 일이라고도 이야기하는)를 비롯해 이외에도 수없이 많은 증상이 있었다.

그러나 '인생의 전반적인 수확기'에 자기이해와 자기 자신과 일치의 필요성에 대한 주제를 다루었던 것이, 삶의 방향에 변화를 주는 중요한 전환점이 되었단다. 대기업들이 좀 더 독립적인 활동을 하고 스트레스를 덜기 위해 그들의 관리자들을 교체했고, 그러면서 나는 내가 지금까지 입고 있었던 무거운 짐을 벗게 되었단다.

바꾸어 말하면 경제적인 혜택과 이기적인 만족을 버리고, 내 인생의 진정한 주인이 되는 것을 우선순위로 삼았단다. 바로, 최고의 자유를 선택한 거지. 그리고 이 자유로 인해 나 자신에게 되돌아올 수 있었고, 내가 원하던 내면의 공간을 만들어갈 수 있었단다.

내가 정말로 원했고 선택했던 것이지만 그 변화가 느리고 나 자신과 일하는 과정이 힘들어서 나도 모르게 한쪽으로 밀어두었던 나의 본질을 재발견하게 되는 순간이었다.

달리 표현하면, 드디어 내가 생각하는 것과 느끼는 것들이 조화를 이룬 상태에서 행동하기 시작했다는 것이다.

그렇게 천천히 내 자신이 되어 갔지. 그러면서 나는 탐색을 계속했단다. 이것을 영적인 것이라고 부르는

지는 모르겠다. 하지만 이것은 더 나은 내가 되고(무엇보다도 너희와 내 환경, 나의 소박한 사람들과 함께), 더 인간적으로 따뜻하며 기쁘게(비록 너희도 아픔을 겪었지만) 변하기 위한 것이란다.

그리고 어느 정도 내면의 조화를 이루었다는 것을 발견하게 되면서, 내 생각들이 바뀌었고 뭔가 좀 더 확실하게 보이기 시작했단다. 이 분명한 것들이 바로 여기에서 너희에게 전해줘야 한다고 느꼈던 것들이다.

교훈이랄까?

이미 말했던 것인데, 한 번에 두 가지 도전을 이루기 위해서는 가능한 한 빨리 최선을 다해 필요한 일을 해야 한다. 즉, 자신의 본모습을 되찾도록 부단히 노력함과 동시에, 진정한 부유함인 내면의 평온함을 얻기 위해 힘과 노력을 쏟아야 한다.

갑자기 어떤 이미지가 머릿속을 스치는구나. 앞에서 말한 재산인 내면의 평온함이 없이, 또는 내면의 조화

가 깨진 채로 행동하는 것—생각보다 자주 일어나는
—은 매일 목발을 짚고 100미터 달리기를 하는 것과
같단다.

과장해서 말하는 거 같다고? 아니, 절대로 과장이
아니란다.

자 그럼, 지금부터는 자아실현의 바탕이 되고 행복
을 정복하는 데 도움이 될 만한 태도와 자질들을 이야
기하려고 한다.

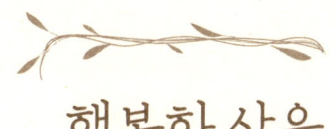

행복한 삶을
위한 자질

†

중용을 지키는 삶

나는 모든 것을 아우르는 삶의 법칙이자 삶의 긴 여정에 적용할 만한 일반적인 원칙을 이야기할 때, 아리스토텔레스에 의해 널리 알려진 "인 메디오 스타트 비루투스(In medio stat virtus, 덕은 중용에 있다)."를 꼽는단다.

중용은 감정뿐만 아니라 정신적으로 내면의 질서를

세우는 데 없어서는 안 될 초석이다.

이것은 단순해 보이지만 한편으로는 복잡하다. 하지만 이것이 중요한 것임에는 틀림이 없다. 왜냐하면 중용, 즉 '모든 것이 한쪽으로 치우치지 않고 변함없이 유지되는 상태'는 네 가지(나머지 세 가지는 용기와 정의, 신중이다) 기본 미덕 중 하나란다.

- 극단적인 것을 경계해라. 양 극단은 모두 다 해롭다.
- 그 대상이 무엇이든지 간에 과도한 욕망을 경계해라.

어떤 측면에서든, 필요한 것과 원하는 것 사이에는 똑같은 거리를 유지해라.

행동함에 있어서, 중용이란 신중함을 뜻한단다. 즉, 먹고 마시는 것에 있어서 절제와 과음하지 않는 것, 지출에 있어서는 절약, 언어에 있어서는 신중함과 자제, 일에서는 일중독(즉, 자기 과부하로 인한 스트레스)과

야망 부족 사이의 중간 상태, 쾌락에 있어서는 절제와 강박적인 욕망의 중간 지점…….

자제력을 기르는 것은 소중한 자산을 얻고 유지하는 최고의 방법 중 하나란다. 두 기둥 사이에서 균형을 잡는 것이 바로 중심에 머무는 기술이다.
이것은 우리의 모순된 상황들을 억누르기 위한 것이 아니라, 모순을 최소화하거나 그로 인해 생기는 장애물과 우유부단함을 피하기 위한 것이란다!

> "행복한 사람은 운 좋게 재산을 적당히 갖고
> 중용을 지키며 살아온 사람이다."
>
> 헤로도토스

이것은 안락함을 거부하려는 것이 아니라, 과도한 안락함을 얻기 위해 행복을 희생시키는 것을 막기 위해서이다.
이런 중용을 설명하기에 안성맞춤인, 기타 줄을 한 번

떠올려보자. 기타 줄은 아주 꽉 조이면 끊어지고, 그렇다고 느슨하게 하면 원하는 소리가 나지 않는다.

†
긍정적인 마음

자아실현을 도와주는 또 다른 자질 중의 하나는 바로 긍정적인 마음이란다. 소중한 재산이자 뛰어난 능력인 긍정적인 마음은 정신적 건강과 감정적 균형을 이루게 해준다.

이런 마음은 내면이 깨끗해서 생기는 결과이자 특권이라는 점에서 의심할 여지가 없다. 이것은 매우 귀중한 힘으로 건강을 유지하게 해준다.

내 친구 중 한 명은 내 삶에 본보기가 되는 사람이란다. 그는 부자가 아니다. 그렇다고 가난한 편도 아니다. 그는 온갖 종류의 고통과 어려움을 겪고 있고, 그

것 때문에 그가 가장 사랑하는 두 사람이 병까지 얻게 되었단다. 하지만 그가 둔감하거나 지각이 없는 사람은 아니란다. 그런 상황에도 불구하고, 그는 늘 자유롭게 유머감각을 발휘하고 재미있는 이야기를 할 준비를 하고 있는 사람이란다!

그런 그에게 감탄을 쏟아낼 때마다 그는 내게 늘 이렇게 말한단다.

"상황이야 어찌 됐든 간에, 미소 짓고 웃게 하는 게 좋은 거 아니겠어?"

또한, 근원적인 기쁨에서 생겨나는 긍정적인 마음은 잡초들(부정적인 생각들)을 뿌리째 뽑아내고 찬란한 빛을 비추어 주며, 비옥한 땅으로 바꾸어서 좋은 결실을 맺을 수 있게 해준다.

이와 관련해서, 알랭이 아주 멋진 생각을 했단다.

"나는 성공해서 만족하는 것이 아니라, 만족하고 있었기 때문에 성공한 것이다."

긍정적인 마음은 상황을 좋게 만드는 데 가장 효과적인 방법이고, 위험을 최소화하고 승산이 높은 내기이며 가장 힘 있는 무기가 된다. 하지만 이상하게도 긍정적인 마음에 이런 효과가 있다고 생각하고 그렇게 믿는 사람은 아주 적단다!

"궂은 상황에도 좋은 면은 있는 법이다."라고 말하는 것과 계속 불평하면서 얼굴을 찌푸리고 있는 것 중에 뭐가 더 나을까?

안 좋은 기분을 품은 채, 사물을 바라보는 눈을 더럽히고 우리의 내면을 그늘지게 하면, 결국 우리에게 남는 것은 커져 버린 갈등과 증오뿐이란다!

테니스 세계 챔피언의 의미심장한 대답이 생각나는구나. 누군가가 그에게 승리의 비결이 무엇이냐고 물어보자, 그는 이렇게 대답했다.

"동료와 나는 경기를 즐겼을 뿐입니다."

여기서 가장 놀라운 것은 그가 본질을 꿰뚫고 있었다는 것이다. 우리가 만사를 좋은 눈으로 바라볼 때마다 긍정적인 마음은 우리 안에 자리 잡고 머문다. 그리고 밖으로 나올 때는 우리의 허락을 받지 않는다!

'웃는 얼굴'을 그대로 따라 하면 보다 쉽게 좋은 기분을 누리게 되고, 마치 숨 쉬는 것을 의식하지 않는 것처럼 저절로 유쾌해진단다.

나는 긍정적인 마음이 효과적인 무기라고 생각은 했지만, 그것에 대한 효능을 어느 정도까지 믿어야 할지 잘 몰랐다. 내가 최근에 들었던 과학자들의 연구 결과에 따르면, 긍정적인 마음을 먹으면 면역력이 약해지는 것을 예방하는 데 도움이 된다고 한다.

이것은 수많은 장점 중 하나에 불과하단다. 긍정적인 마음은 좋은 경향을 만들어내고, 잘 알려진 것처럼 재능이나 장점같이 우리에게 매우 필요한 것을 만들어내도록 촉진한다.

이걸 어떻게 얻을 수 있느냐고? 우리가 직장에서나 일상생활을 하다 보면, 늘 예외적인 상황을 만나기 마련이란다. 그럴 때가 바로 긍정적인 마음을 가질 기회이니 절대 그것을 놓치면 안 된단다. 이것은 누군가 우리에게 주려고 준비하고 있는 큰 상과 같단다.

또 다른 조언을 하자면, 행복에 다가가는 긍정적인 분위기를 유지하기 위해서는 마치 전염병을 피하는 사람처럼, '부정적이고 기분이 안 좋은' 사람들이나 다시 오염될 만한 소지가 있는 대상들, 증오심으로 가득하고 공격적인 사람들을 멀리해야 한다. 그들과 어떤 관계를 맺고 있든지 간에 이것은 꼭 명심해야 한단다.

†
인성을 쌓는 자신감

자아실현과 행복에 다다르는 데 도움이 되는 또 다른 내용을 담은 중요한 편지가 여기에 있단다. 너희에게 말한 것처럼 나는 아주 어렸을 때부터 위축되어 있었는데, 이런 위협적인 불안의 감정에서 나를 구원한 것은 바로 나 자신에 대한 신뢰였다. 하지만 내 경우에는 어떤 도움이나 참고할 만한 대상이 없었기 때문에 이것을 얻기가 그리 쉽지는 않았다.

  모든 종류의 압박에 용감히 맞서기 위해서는, 다른 사람의 의견이 아닌 자신의 깊숙한 내면에서 나온 자신감을 기르는 노력을 게을리해서는 안 된단다. 왜냐하면 처음에는 자기 자신을 빼고 모든 것을 의심한다 해도, 그러다 보면 결국 지금까지 늘 나였던 것까지도 의심하게 될 테니까. 따라서 내가 남기는 조언들을 삶에 적용하도록 노력해야 한다.

  솔직히 말하면, 나는 아주 똑똑한 편이 아니란다! 하지만 내 주변을 돌아보면서, 내가 그렇게 바보가 아니라는 사실을 알게 되었다!

  자라면서 내 자신감은 인성을 만들어가는 데 변함없는 지원군이 되어 주었고, 오늘날까지도 바람과 파도에 맞서가며 안전하게, 그리고 천천히 발전할 수 있도록 에너지를 주며 긍정적인 감정을 불러일으킨단다.

  일부 심리학자들이 발표한 자존감은 한 개인이 가진 포부 중 얻는 성과가 어느 정도되느냐로 지수화할 수 있다. 그리고 이 지수를 가능한 높이기 위해서 알맞은 목표를 세우라고 권하고 싶구나.

"인간은 아는 것 이상으로 할 수 있다."라는 것을 마음속에 새겼다고 해서, 목표를 너무 높게 또는 과하게 세워서는 안 된다. 그리고 반대로 아주 낮은 목표를 설정하는 것도 피해야 한다!

즉, 중간 위치를 잡는 중용은 불만족으로 발생할 수 있는 위험을 줄여준단다.

균형을 잡아주는 요소인 적절한 자신감을 갖는 것은 우리에게 꼭 필요하고, 이를 통해 삶에서 가장 중요한 것들을 이루어낼 수 있게 된다. 즉, 건강한 자존감을 갖게 되면 자신의 본질을 절대로 포기하지 않고 각자의 존엄성을 지킬 수 있게 되지.

〈마르틴 피에로(Martin Fierro, 아르헨티나의 호세 에르난데스(José Hernández)가 쓴 서사시_옮긴이)〉에는 이와 관련된 내용이 있단다!

"위험을 이겨내고, 그 어떤 심연에서 누군가를 건져내기 위해서는—내 경험을 통해 확신한 바로는—검보다 더, 창보다 더 그 사람 안에 있는 자신감이 많은 도움이 되었다."

이미 너희에게 자신의 행동에 대한 권한을 갖고 주도권을 쥐어야 하는 이유에 대해 말해준 적이 있다. 나는 자신의 능력과 신념에 자신감을 불어넣어 주는 것은 행운을 찾는 데 드는 힘이 아니라, 행운을 끌어당기는 힘이라고 생각한다.

행동하기 전에 의심하는 것이 옳다고 하더라도, 그 행동 자체를 무효로 만들 정도로 의심해서는 안 된다.

어떤 작가가 말했던 그림이 생각나는구나. 그는 자신감을 그릇에 가득 차 있는 물에 비유했단다. 그릇에 자기에 대한 의심의 무게를 더하게 되면 물은 넘쳐서 밖으로 쏟아지게 된다. 그 모습을 꼭 기억하길 바란다.

어쩔 수 없는 실수를 저지르고 실패로 아픔을 겪을 때는 무슨 생각이 들까?

그런 일을 당하면 우리는 받아들이는 것에 대한 중

요성을 다시 한 번 생각하게 된단다.

이런 경우에, 실패는 앞으로의 도전들을 이루어 나가기 위해 준비하는 수업과 같다. 또한, 이 과정을 통해서 삶의 소중한 도움을 만나게 된다. 이 도움은 어떤 모험에서든 성공하기 위해서는 꼭 필요한 미덕, 바로 '인내'란다.

†

실패를 두려워하지 않는 인내

사랑하는 아들들아, 뭔가에 매달리고 붙잡는 데 필요한 힘이 바로 너희 안에서 나온다는 사실을 믿길 바란다. 그것이 무엇이든 어떤 사람이건 간에 뭔가를 붙잡고 매달린다는 것은 기쁜 마음으로 해야 할 일들을 계속한다는 것을 의미한다. 그랬는데 결과가 원하던 바가 아니라고? 설령 그렇다고 해도 새로 시작할 수 있다면 슬퍼할 필요가 없잖니!

주변 상황이 누군가에게 문 쪽으로 나가라고 떠민다면, 가끔은 창문을 통해서라도 들어가야 한다.

피에르 드 쿠베르탱(Pierre de Frédy, Baron de Coubertin, 1863~1937, 근대 올림픽 경기의 창시자_옮긴이) 말에도 일리가 있단다.

"일을 시작하기 위해 희망이 필요한 것도, 인내하기 위해 성공이 필요한 것도 아니다."

†
균형을 잡아주는 주기

이 모든 것이 너희에게 실질적인 도움이 되길 바라면서, 다양한 일상의 일을 헤쳐가는 데 필요한 또 다른 유용한 자질을 말해주고 싶다. 이것은 자연의 특징으로, 바로 주기라는 것이다.

여기서 내가 말하는 주기란 해야 할 일들을 어떤 속도로, 그리고 얼마나 자주 해야 하는지 올바르게 측정

할 줄 아는 것을 의미한단다. 예를 들면, 다음과 같다.

- 우리가 오고 가는 데 걸리는 적절한 시간을 선택한다.
- 부름, 기다림, 소망을 알맞게 조정하기 위해서 기준을 세운다.
- 유리한 환경을 조성하고 선택 사항과 이전에 찾아놓은 내용들을 분석하며, 도움이 되는 연락처를 구별하는 등 필요한 준비에 에너지를 각각 분배한다.

처음에 살펴본 올바른 판단 형성과 적절한 감정 조절 덕분에, 우리는 '템포(tempo)'를 정할 수 있게 되었고, 그 결과 스트레스가 줄어들게 되었다.

쉽지는 않지만, 가능한 일이란다.
누군가 유명한 승마선수였던 레기사모(Leguisamo)에게 어떻게 수많은 대회에서 우승을 거머쥘 수 있었냐고 물어보자, 그가 뭐라고 대답했는지 아니?
"규칙적으로 연습했습니다."라고 대답했단다. 이것이 바로 진짜 지혜란다.

주기를 만들고 따르는 것은 일의 균형이 흐트러져서 안 좋은 일이 발생하는 것을 막기 위해서이다.
이 내용을 끝내기 전에, 몇 가지 행동 또는 태도를 뽑아보았다. 내 생각에 이런 태도들은 생각과 느낌 부분에서 언급했던 원칙들과 일치한단다. 즉, 행복으로 안내하는 길의 일부를 구성하게 된다.

행복한 삶을
위한 태도

　　　　　　　모두에게 호의를 베풀고, 소극적인 사람이 되지 마라.

바로 이 말에 내가 생각하고 있는 두 가지 행동 방식이 들어 있단다. 다음의 태도들은 프랑스의 인문학자 프랑수아 라블레가 말한 뭔가를 잔뜩 채운 머리가 아닌 '잘 만든 머리'를 잘 반영한 것들이다. 즉, 이성적으로 도덕적 명령에 따르는 것이다. 하지만 이것은 자신이 가지고 있는 선물을 나누며 사는 기쁨과 균형 잡힌 감정에서 나온다.

다음의 두 가지 태도에서는 생각과 느낌의 방식이 행복을 지향하며 조화를 이룬다.

†
베풂은 황금률이다

너희에게 말했던 나의 개인적인 변화 중 최고는 호의를 베푸는 것이란다. 베풂의 중요성을 순서로 매기자면, 그것은 지식이나 어떤 미덕들보다도 높은 자리를 차지한다.

베풂은 훌륭한 행동이자 가장 어려운 실천 중 하나이고, 너희에게 삶의 의미를 준다. 행복의 가장 기본적 특징 중의 하나는, 바로 베풂이란다.
물론 이건 나의 생각이다.
베풂은 황금률이다. 이런 말을 하려니 마음이 아프지만, 나는 이기심을 부리지 않고, 즉 대접받고자 하는 대로 남을 대접하면서 귀감이 되는 방법을 늘 알고 실천했던 것은 아니다.

베풂이라는 것은 인간 존엄성의 중요한 연대책임을 바탕으로, 가난한 사람에게 물질적인 도움을 주는 것만을 의미하는 것은 아니다. 이것은 다른 사람이 불행이나 고통을 당할 때 도움을 주는 것이다. 즉, '함께 고통 나누기' 안에 들어 있는 측은지심을 이해하는 능력을 갖추는 것이다. 단순하게 위로하는 것을 넘어서 고통을 덜어주는 것을 뜻한단다.

하지만 더 간단하게 말하면(아마도 아주 간단하지는 않을지도!), 베풂은 가능한 한 자주 미소 짓는 것이란다. 즉, 이웃과 상사, 동료, 길에서 구걸하는 사람 등에게 미소를 지어 보이는 것이다.

사람들에게 미소를 보내는 것(또는 해를 끼치지 않는 웃음을 다시 나누는 것)이 과연 힘든 일일까? 너희가 알고 있는 것처럼 미소는 늘 이득이고 도움이 된다. 예를 들면, 미소는 토론이나 어떤 대결 구도에 있을 때 그 상황을 부드럽게 연결해주거나 기분 좋게 만들어 준다!

　미소가 전염성이 있고 유익하다는 것은 모두가 아는 사실이다. 어떻게 이 사실을 잊고 살 수 있을까?

　베푼다는 것은 누군가 받았을 때 기쁨을 느낀다는 의미다.

　걱정거리를 덜기 위해 너희와 고민을 털어놓고 싶어 하는 사람들에게 관심을 쏟고, 가능하다면 그 걱정을 함께 나누어라. 왜냐하면 모든 사람은 존중받아야 하기 때문이다. 나는 내 대화 상대자가 될 사람들에게 도움을 요청하고 어떻게 해야 할지를 물어보는 게 습관이 되었단다. 속임수가 없는 친절은 늘 기쁘고 좋은 것이란다.

　너희에게 사랑스럽다고 말한 적이 있지. 내가 그렇게 여기는 이유 중의 하나는 너희가 동정심을 가지고 있기 때문이란다. 그것은 소수만이 가진 특권으로, 어떤 의도나 계산, 조건 없이 하는 베풂의 중요성을 알고 있는 것이다.

그것은 바로 도리에 따라 의무적으로 명령에 복종하는 것이 아니라, 너희가 이제까지 변함없이 지켜온 성향이다.

좋은 것이든 아니든, 뿌린 대로 거둔다는 유명한 말이 있다. 잘 베푸는 것에는 부메랑 효과가 나타난단다. 진실하게 사심 없이 친절을 베풀면 이런 만족감은 다시 베푼 사람에게 되돌아온다.

나의 뿌리 깊은 신념 중에서 또 한 가지를 짧게 덧붙이고 싶다. 상대방이 나쁘게 대하더라도, 선한 방법으로 갚아주라는 것이다.

†
소극적으로 행동하지 않기

알베르 카뮈의 희곡 작품인 〈칼리굴라(Caligula)〉를 보면 황제가 이렇게 탄식하고 있다. "그런 것들은 나를 만족시키지 못하는구나!"라고 한탄하고 나서 바로 그가 가장 아끼는 말을 자신의 집정관으로 임명했다는구나!

우리의 운명을 짓누르는 비이성적인 행태와 무자비한 폭력 및 불행이 세계 각지에서 벌어지고 있는 걸 보니 분노를 누르지 못하겠더구나.

우리가 이런 문제들 앞에서 분노를 느끼는 건 당연한 일이겠지. 그래서 어떤 이들은 이 일에 적극적으로 참여하기도 한다.

여기서 너희에게 말하고 싶은 것은, 어떤 형태가 되었든지 간에 그런 일들에 기꺼이 참여하라는 것이다.

물론 현명하게 대처해야겠지만, 타협의 범위는 두되 소극적이 되지는 마라.

카뮈가 '연대(solidarity), 아니면 고독(solitary)'이라고 말했듯이, 주변 일에 소극적이지 않는 것이 바로 사람과 세상에 가까이 다가가는 일이란다. (여기서 말하는 고독이란 다른 사람들이 중요하게 여기지 않는 곳, 소외된 곳에서 이기적으로 뒷걸음질 치는 것이다.

즉, 개인의 주관적 세계에만 머물러 있는 것이지.)

무언가 또는 누군가가 내 편을 들어주면 누구든지 기분이 아주 좋아지는 법이다.

"세상은 살아가기에 너무 위험한 곳이다.
그것은 해를 끼치는 사람들 때문만이 아니라
그대로 두고 앉아서 방관하는 모든 사람들 때문이다."

알베르트 아인슈타인

내 생각에 너희는 내게 자극을 줄 만한 도전이 뭔지 잘 알고 있단다. 예를 들어, 학교에서 14~16살 사이의 소년 소녀들에게 용감한 시민의 모범 사례를 소개하는 것과 같은 거지.

〈탈무드〉에 보면 "한 사람의 생명을 살리는 일은 이 세상을 살리는 것과 같다."라는 말이 있단다.

세상의 극단적인 폭력에 맞서기 위해서 온건주의자들에게 다가가는 것은 본질적인 것과 관련해서 시급하고도 중요한 행동이란다. 한편으로 이것은 다양성을 존중하는 것이다. 적어도 안전하게 말이다!

하지만 파스칼이 한 이 말을 늘 명심해야 한다.

"저마다의 진실 뒤에 덧붙여야 할 내용은 우리가 진실의 반대편을 기억하고 있다는 사실이다."

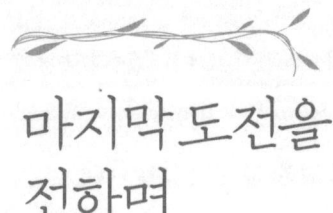

마지막 도전을
전하며

†
참다운 노년의 의미

노년기는 새로운 삶의 단계이다. 하지만 이 단계는 자신이 살아온 방식에 따라 그 모습이 정해진단다. 따라서 건강을 준비하는 것이 바로 노년기를 준비하는 것이란다. 그것이 바로 내가 조금씩 실천에 옮기고 있는 것이지.

내 삶의 후반부에서 이루고자 노력하는 목표는 생각과 감정의 균형을 유지하는 것이란다. 한편으로는, 돈 버는 것과 상관없이 취미 같은 단지 쉼을 얻는 활동들을 선택해서 우리의 호기심을 일깨우고 남은 시간을 채워가는 것이지.

　그러니까, 약해질 수밖에 없는 건강에 대해서는 걱정하지 않고, 그 상황에 맞부딪히면서 최선을 다해 건강을 지켜나가는 것이 내 몫이란다.

　아무리 청장년의 지혜가 살아 숨 쉰다고 해도, 노년의 지혜에는 비기지 못한다.

　나이를 잘 먹는다는 것은 살아가면서 노력했던 결실을 얻는 것이란다. 나는 마음을 잘 다스리고 감정을 조절하기 위해, 자신감 있는 상태를 유지하고, 무엇보다도 긍정적인 마음을 기르기 위해서 여러 가지 활동을 열심히 실천해왔단다.

　나는 내 삶에 대해 불평할 수 없단다. 나이가 들면서 얻게 된 내면의 자산을 통해, 단지 노년기를 견디는 것이 아니라 이때를 더욱 돋보이게 하고 풍요롭게 만들 수 있게 되었으니까.

내가 나에게 칭찬해줄 만한 점은 노년기임을 부인하고 거부하면서 거울에 온 관심을 쏟는 것보다는, 신선한 자극에 좀 더 귀 기울이려고 한다는 것이란다.

어느 작가가 한 말인데, 40살 이상이 되면 영혼이 남긴 흔적인 자신의 얼굴에 책임을 져야 한다는구나. 그 말처럼, 얼굴에 삶의 노력과 고통이 남기도 하고, 고요함과 친절함의 후광이 비추기도 하는 거지. 아니면 눈살을 찌푸린 그대로 있기도 하고, 얼굴이 찡그려져 있거나 눈빛이 텅 비기도 한단다. 마치 포도주가 포도의 품질과 정성에 따라 잘 익기도 하고 신맛이 나기도 하는 것처럼 말이다.

이쯤에서 너희가 짐작하고 있는 것처럼, 다시 한 번 세네카의 말을 인용해야겠구나.

"오래 살려는 데 관심을 두지 말고 오롯이 살기 위해 애써야 한다. 사실, 얼마나 오래 사느냐는 신이 결정한 운명이고, 오롯이 사는 것은 당신이 결정하는 것이니까."

†
죽음의 준비

드디어 마지막에 도착했구나……!

바로 죽음이다. 잘 살아온 과정은 잘 늙게 도와줄 뿐만 아니라 '잘 떠날 수 있게도' 해준단다. 다시 한 번 말하자면, 죽음을 잘 맞이한다는 것은 마음속 요동 없이, 우리가 피할 수 없는 마지막 순간을 마음속 깊이 순순히 받아들이는 것이란다.

프랑스의 사상가 몽테뉴는 모든 죽음과 연관된 극적인 상황을 막기 위해 '죽음의 낯설음에서 벗어나기' 부분에서 '죽음의 준비'에 대해 말하고 있다.

그렇다고 '이집트 사람들이 축제를 할 때 식사 자리

에 해골을 가지고 와서 죽음에 대한 허무함을 일깨워 주었던 것처럼 그런 행동까지 따라할 필요는 없겠지!

"왜 우리는 잃어버리는 것에 대한 두려움을 갖게 되었을까? 잃어버린 것을 그리워하면 안 되는 것일까?" 같은 질문에 에피쿠로스는 이렇게 말하고 있단다.

"우리가 존재하면 죽음은 존재하지 않고, 죽음이 존재하면 우리가 존재하지 않는다."

아마도 존재가 사라진다는 두려움보다 우리가 사랑하는 사람들의 곁을 떠난다는 것이, 그들이 더 이상 우리의 곁에 없다는 것이, 그리고 우리가 그들과 함께 있을 수 없다는 것이 더 두려운 것은 아닐까?

개인적으로, 나는 죽음을 두려워하지 않는단다. 가끔 삶에 대한 호기심이 생기는데, 이것은 또 다른 저편에서 나를 기다리는 또 다른 삶에 대한 호기심이기도 하단다.

편지를 마치고

 이제 편지를 조금씩 마무리 지으려고 한다.
 너희도 편지를 보면서 깨달았겠지만, 이 편지에 들어 있는 다양한 내용들은 서로 긴밀하게 연결되어 있고(또는 그러길 바라고), 행복에 대한 비전과 나의 경험을 보여주고 있단다.
 여기서 출발점은 단지 행복해지고 싶다는 바람이 아니라, 행복을 향한 경주에서 각자에게 달린 몫대로 최선을 다해 달려가겠다는 결심에 있다.
 이런 결심은 삶의 우선순위에 대한 눈을 열어준단다. 여기에서 우리가 행복을 향해 가기 위해 처음으로 꼭 해야 하는 것은 타인의 태도·가치·규범·사고·지식

†

등을 자신의 것으로 수용하는 작업, 바로 내면화란다. 즉, 자기 자신과 일치할 수 있어야 다른 사람이나 자연과도 조화를 이룰 수 있게 된다. 이것은 '성공'이나 물질적 부를 쌓고 싶어 하는 바람보다 훨씬 더 중요한 것을 만들어낼 수 있는 원동력이자 자산이란다.

평화는 삶을 더욱 즐길 수 있게 해주고 고통이 닥쳤을 때 좀 더 잘 극복하게 도와준다.
따라서 이런 도전에는 생각하는 것과 느끼는 것 사이의 조화를 이루게 해주는 방법(명상, 시각화 등)을 적용하고, 그것을 충분히 이해하는 데 필요한 안내를

†

훈련하는 것도 포함된단다.

즉, 기본적인 지혜(자기 자신에 대해서 알고, 이성적으로 생각하며, 도덕적인 원칙을 지키는 등)를 얻고 가능한 최대한으로 감정의 균형(부정적인 감정을 버리고 긍정적인 감정을 기르는 등)을 이루는 것이다.

앞에서 언급한 조화와 특정 자질(긍정적인 마음, 자신감 등)은 자아실현을 이루도록 도와주고, 생각하는 것과 느끼는 것이 일치된 상태에서 행동할(베풀고 적극적으로 참여하는 등) 수 있도록 북돋아준다.

생각하고 느끼고 행동하는 것.

†

 이것들 사이의 조화와 평안은 행복한 삶의 기초란다.
 이 편지를 시작하면서 서두에, 우리의 첫 번째 의무로 삶, 그 자체를 존중하고 삶의 기쁨을 키워나가는 것이라고 말한 것은 아주 중요하단다.

 지금은 너희에게 두 번째 부탁을 하면서 이 편지를 마무리하려고 한다. 바로 "행복을 추구하는 것을 하나의 의무로 여겨라." 하는 것이다.
 이것은 가장 중요한 의무란다. 이 의무는 다른 모든 의무를 아우른다.
 어느 누구도 이 의무를 피할 수는 없단다. 매일 좋은

훈련하는 것도 포함된단다.

즉, 기본적인 지혜(자기 자신에 대해서 알고, 이성적으로 생각하며, 도덕적인 원칙을 지키는 등)를 얻고 가능한 최대한으로 감정의 균형(부정적인 감정을 버리고 긍정적인 감정을 기르는 등)을 이루는 것이다.

앞에서 언급한 조화와 특정 자질(긍정적인 마음, 자신감 등)은 자아실현을 이루도록 도와주고, 생각하는 것과 느끼는 것이 일치된 상태에서 행동할(베풀고 적극적으로 참여하는 등) 수 있도록 북돋아준다.

생각하고 느끼고 행동하는 것.

†

 이것들 사이의 조화와 평안은 행복한 삶의 기초란다.
 이 편지를 시작하면서 서두에, 우리의 첫 번째 의무로 삶, 그 자체를 존중하고 삶의 기쁨을 키워나가는 것이라고 말한 것은 아주 중요하단다.

 지금은 너희에게 두 번째 부탁을 하면서 이 편지를 마무리하려고 한다. 바로 "행복을 추구하는 것을 하나의 의무로 여겨라." 하는 것이다.
 이것은 가장 중요한 의무란다. 이 의무는 다른 모든 의무를 아우른다.
 어느 누구도 이 의무를 피할 수는 없단다. 매일 좋은

✝

기분을 누리고 우리에게 있는 것 중에 가장 좋은 장점을 활용하며, 우리에게 없는 것들은 폭넓게 받아들이고 인정하겠다는 결심인 셈이다.

  이런 평안과 내면의 조화를 얻어야 한다는 의무는 오직 한 가지 목표를 품고 있단다. 그 한 가지 목표는 바로, 우리 자신에게 행복을 선물하겠다는 것이다.

  그 선물 덕분에, 너희는 사랑하는 사람들을 가장 멋있게 사랑하는 법을 알게 될 것이다.

  그 선물 덕분에, 네 주변에 있는 모든 사람을 향한 너의 친절함은 끝없이 이어질 것이다.

†

 나는 너희가 이런 의무를 이루지 못했을 때에는 가차 없이 자신을 용서하지 않기를 바란다. 그리고 내가 행복해질 수 있다는 것을 깨달은 것처럼, 너희도 정말 행복해지길 바란다!

 사랑하는 아들들아, 내가 해주고 싶은 말은 여기까지다.

·자·녀·에·게·보·내·는·행·복·에·관·한·메·시·지·
행복의 편지

초판 1쇄 인쇄 2011년 12월 20일
초판 1쇄 발행 2011년 12월 30일

지 은 이 장 피에르 벤다한
옮 긴 이 김유경
펴 낸 이 신원영
펴 낸 곳 (주)신원문화사

편　　집 김순선 최미임
디 자 인 송효영
미 디 어 김일은
영　　업 이정민
총　　무 김경정 신미숙 유영실
관　　리 조경화 김용권 박윤식
경영지원 윤석원

주　　소 서울시 영등포구 당산동 121-245 신원빌딩 3층
전　　화 3664-2131~4 **팩　　스** 3664-2130
이 메 일 bookii7@nate.com **트 위 터** @shinwonhouse
출판등록 1976년 9월 16일 제5-68호

* 파본은 본사나 서점에서 교환해 드립니다.

ISBN 978-89-359-1581-1 03800